Tons *de* Desejo

JAMIE DORNAN

ALICE MONTGOMERY

Tons *de* Desejo

JAMIE DORNAN

Tradução
Patrícia Azeredo

1ª edição

RIO DE JANEIRO | 2015

CIP-BRASIL. CATALOGAÇÃO NA FONTE
SINDICATO NACIONAL DOS EDITORES DE LIVROS, RJ

Montgomery, Alice

M791j   Jamie Dornan: tons de desejo / Alice Montgomery; tradução: Patrícia Azeredo. – 1. ed. – Rio de Janeiro: Best*Seller*, 2015.
il.

Tradução de: Shades of desire: Jamie Dornan
ISBN 978-85-7684-902-5

1. Dornan, Jamie, 1982-. 2. Atores – Estados Unidos – Biografia. I. Título.

14-17779   CDD: 927.92
CDU: 929:792.071.2

Texto revisado segundo o novo Acordo Ortográfico da Língua Portuguesa.

Título original
SHADES OF DESIRE: JAMIE DORNAN
Copyright © Alice Montgomery by 2014
Copyright da tradução © 2014 by Editora Best Seller Ltda.

Original English language edition first published by Penguin Book Ltd, London
The author has asserted her moral rights
All rights reserved

Capa original adaptada por Gabinete de Artes
Editoração eletrônica: Abreu's System

Todos os direitos reservados. Proibida a reprodução,
no todo ou em parte, sem autorização prévia por escrito da editora,
sejam quais forem os meios empregados.

Direitos exclusivos de publicação em língua portuguesa para o Brasil
adquiridos pela
EDITORA BEST SELLER LTDA.
Rua Argentina, 171, parte, São Cristóvão
Rio de Janeiro, RJ – 20921-380
que se reserva a propriedade literária desta tradução

Impresso no Brasil

ISBN 978-85-7684-902-5

Seja um leitor preferencial Record.
Cadastre-se e receba informações sobre nossos lançamentos e nossas promoções.

Atendimento e venda direta ao leitor
mdireto@record.com.br ou (21) 2585-2002

SUMÁRIO

1 O INÍCIO DA CAÇA   7

2 O PEQUENO JAMIE   25

3 O TÓRAX DOURADO   43

4 HISTÓRIAS EM CELULOIDE   61

5 SUCESSO MOVIDO A POLÊMICA   79

6 *NICE TO MEET YOU*   97

7 O CORAÇÃO É UM CAÇADOR SOLITÁRIO   118

8 SLOW MOVING MILLIE   131

9 NINGUÉM SABE O QUE SE PASSA NA CABEÇA
DE OUTRA PESSOA   148

10 NASCE UMA ESTRELA   166

11 DEPOIS DE *THE FALL*   180

12 *NEW WORLDS*   197

13 SNOWQUEENS ICEDRAGON   215

14 "O SR. GREY IRÁ RECEBÊ-LA AGORA"   234

15 UM HOMEM MUITO REQUISITADO   252

CRÉDITO DE FOTOS   264

1 O INÍCIO DA CAÇA

O verão norte-americano de 2013 marcou o início da caça para encontrar o ator que interpretaria um dos papéis mais comentados e esperados do cinema. Há alguns anos, uma autora totalmente desconhecida chamada E.L. James tinha publicado um livro por conta própria que se transformou rapidamente num sucesso movido a polêmica. Esta obra ganhou fôlego aos poucos, quando foi descoberta por uma grande editora, e o resultado, *Cinquenta tons de cinza*, se transformou num fenômeno internacional. A história do misterioso e sombrio Christian Grey e da ingênua, porém esperta, Anastasia Steele rapidamente virou uma sensação, liderando as listas dos mais vendidos em todo o mundo e fazendo com que um filme baseado no romance fosse praticamente certo. Mas quem interpretaria o protagonista?

Não faltaram especulações, com metade da lista dos principais jovens atores de Hollywood citada o tempo todo. Os nomes de Ryan Gosling, Matt Bomer, William Levy, Channing Tatum, Alexander Skarsgård, Stephen Amell, Ian Somerhalder e Michael Fassbender foram mencionados, sendo algumas destas especulações mais sérias do que outras. Alguns dos atores envolvidos admitiram a sondagem para o papel, embora na época a escalação definitiva tenha surpreendido a todos. Ian Somerhalder, que certamente tem a aparência certa, fez um lobby público pelo papel, tuitando sobre o quanto adoraria interpretá-lo, embora não tenha conseguido. Em outros casos, como aconteceu com Matt Bomer, foram os fãs que recorreram ao Twitter e fizeram uma campanha para tê-lo no papel.

Talvez de modo inevitável, o nome de Robert Pattinson apareceu na onda de boatos. Afinal, ele era o astro e galã da série *Crepúsculo*, interpretando o vampiro mais atraente do mundo chamado Edward Cullen, e foi justamente a saga dos vampiros que inspirou a primeira versão de *Cinquenta tons*, sendo originalmente uma fan fiction de *Crepúsculo*. Mas esses rumores logo foram desmentidos, especialmente pelas alegações de que

O INÍCIO DA CAÇA

Pattinson recebera a proposta, mas recusara após ouvir o conselho da sua então namorada, Kristen Stewart, que também estrelou *Crepúsculo*. Ela deu o alerta: ele nunca mais se livraria daquele papel. E tinha toda a razão.

A procura continuou. E era para ser levada a sério: considerando o sucesso fenomenal dos livros, os filmes certamente arrasariam na bilheteria, gerando lucros de centenas de milhares de dólares, talvez até mais. Porém, aceitar esse papel era uma faca de dois gumes. Quem o fizesse precisaria fazê-lo bem: afinal, a história girava em torno de um relacionamento sadomasoquista, e seria muito fácil exagerar na interpretação e transformar o filme inteiro em uma comédia involuntária. Além disso, havia várias outras questões: um ator já consagrado arriscaria sua reputação num projeto tão complicado? Seria um risco muito grande escalar um desconhecido completo? Dessa forma, a procura e as especulações só aumentaram.

Então, finalmente veio o anúncio: um ator britânico faria o papel. Charlie Hunnam, um jovem belíssimo, mais conhecido pelo seu trabalho na série de TV *Sons of Anarchy*, na qual interpretava Jackson "Jax" Teller, chamou a atenção do público pela primeira vez na pele de Nathan Maloney na série do Channel 4, *Queer As Folk*. Ele também trabalhou em filmes como *Hooligans*, *Filhos da esperança* e *Círculo de Fogo* e tinha a idade certa para o papel. Aparentemente, E.L. James adorou a ideia: "O belo e talentoso Charlie Hunnam será Christian Grey", tuitou ela. Era um meio-termo, no melhor dos sentidos: como Charlie era um nome conhecido, mas não uma celebridade, não tinha tanto a perder e poderia muito bem assumir o risco. Mas será que ela estava tão feliz quanto parecia? O escritor Bret Easton Ellis, que de acordo com os rumores queria escrever o roteiro do filme, tuitou que a autora esperava ver Pattinson no papel. Afinal, Christian foi criado com Rob em mente. "E.L. James e eu estávamos na casa de Rob Pattinson quando ela admitiu que ele fora a primeira escolha dela para interpretar Christian", tuitou ele. "Somerhalder e Bomer nem foram citados. Quando perguntou quem eu via como Grey, disse: 'James Dean, claro' e eles me mandaram calar a boca. Estávamos bêbados."

Como sempre, o Twitter adorou a notícia, com vários atores se unindo para elogiar o colega. "Acho que nunca trabalhei com um profissional mais esforçado e humilde que Charlie Hunnam. Ele será um ótimo Christian Grey", tuitou Robert Kazinsky, o astro de *True Blood*. "Parabéns a Charlie Hunnam pelo papel em *Cinquenta tons de cinza*. Foi uma briga dura, mas venceu o ator de cabelos mais compridos. #chateado", foi a resposta do ator da série *The Office*, Rainn Wilson. "Perdi o papel em *Cinquenta tons de cinza*, então vou sumir por uns tempos", comentou Lena Dunham, a estrela de *Girls*, embora isso fosse discutível. Afinal, dificilmente ela estaria disputando o papel com Charlie.

Mas todos estavam felizes. Charlie também pareceu bastante satisfeito e estava ansioso para dividir a tela com Dakota Johnson, a filha de Don Johnson e Melanie Griffith, que fora escalada para o papel de Anastasia Steele. "Quando entramos na sala e começamos a ler o roteiro com Dakota, eu sabia que queria o papel, pois havia uma química visível entre nós", disse ele numa entrevista ao *Hollywood Reporter*. "Foi empolgante, divertido, estranho e fascinante, e foi assim que aconteceu."

Mas a internet surtou, alegando que Hunnam e Dakota não tinham o tipo físico ideal para o papel. Os ânimos ficaram tão exaltados que alguns fãs até fizeram um abaixo-assinado no site Change.org para substituir a dupla. Isso não é incomum: a escalação de elenco em filmes muito esperados geralmente causa divergências, vide o caso do escritor Ian Fleming notoriamente discordando da escolha de Sean Connery para interpretar James Bond e, mais recentemente, ninguém menos que o próprio Robert Pattinson foi obrigado a aturar a desaprovação dos fãs quando foi escolhido para viver Edward

Cullen, até a autora de *Crepúsculo*, Stephenie Meyer, dizer que ele fora a primeira opção para o papel. Portanto, a polêmica não deveria ter surpreendido ninguém, apesar da agressividade. De qualquer modo, vários admiradores de Hunnam garantiam que, embora ele não tivesse exatamente a mesma aparência do personagem descrita nos livros, seu carisma e sensualidade mais do que compensavam isso. Até a namorada dele, Morgana McNelis, foi arrastada para a discussão, com Charlie admitindo os futuros problemas que enfrentariam: "Ela já precisa dividir partes de mim que realmente não gostaria, então, dada a natureza desse papel, é claro que isso vai acontecer com uma intensidade dez vezes maior", disse o ator ao Hollywoodlife.com. "Mas ela adorou os livros, leu todos e ficou muito empolgada com o potencial que essa oportunidade representa para mim. Na verdade, acho que isso vai nos aproximar ainda mais." Pelo menos estava claro que ele levava o papel a sério.

Porém, por motivos que nunca foram totalmente esclarecidos, em outubro de 2013, Hunnam anunciou que não iria mais fazer o papel. Os boatos correram a mil por hora: seria devido a diferenças artísticas com a diretora? Ao roteiro ruim? Ou a pressão foi demais, e ele teve medo de não corresponder à expectativa? Talvez sabiamente, Hunnam ficou mudo e, quando decidiu falar, numa aparição no evento anual Hogs for Heart em benefício da organização One Heart Source, que financia programas educacionais na África, não explicou nada. "Estou bem", garantiu o ator aos repórteres. "Só estou muito concentrado no trabalho e bastante ocupado no momento."

A Universal Pictures publicou um comunicado no *Hollywood Reporter*: "Os produtores de *Cinquenta tons de cinza* e Charlie Hunnam concordaram em procurar outro protagonista devido à intensa agenda do ator na TV, que não lhe permite o tempo de preparação adequado para o papel de Christian Grey." Isto também não foi muito esclarecedor. Mas ninguém conseguia dizer exatamente o que saiu errado.

Veio à tona a notícia de que o pai de Hunnam tinha falecido em maio, seguida por especulações de que este poderia ter sido o motivo da saída. O ator também estava perto do final das gravações de *Sons of Anarchy*. "Houve umas questões familiares, então estou tentando manter o foco, ser positivo, tentando fazer um bom trabalho, ficar com minha família e ser positivo", disse ele a um repórter do *E! News*. "Como falei, tem algumas coisas acontecendo na minha família que preciso resolver. Então, quando terminar de gravar a série, eu vou para a Inglaterra ver os meus parentes e, depois, tenho um filme para fazer com Guillermo [del Toro]. Depois disso, vou me concentrar nas últimas temporadas de *Sons*." E ele não disse mais nada, embora tenha havido especulações de que Charlie não conseguira suportar a ideia de ser alvo da histeria das fãs como aconteceu com Robert Pattinson. Na verdade, no caso do astro de *Crepúsculo*, fãs chegaram a colocar o ator em perigo ao empurrá-lo sem querer na direção de um táxi em movimento. Hunnam já tinha alcançado um grau de reconhecimento e sucesso, mas o papel de Christian o levaria a outro patamar, e nem todo mundo quer este nível de fama. "[Duas] fontes agora dizem que Hunnam ficou com medo do filme [do *Cinquenta tons*], o trabalho na TV não teve nada a ver com a saída dele", tuitou Matt Belloni, editor executivo do *Hollywood Reporter*.

Uma fonte anônima falou à revista *People*: "Ele abandonou o projeto porque não queria ficar marcado pelo papel", contou. "E não queria o tipo de atenção *à la* Robert Pattinson que viria junto com este trabalho."

Porém, de acordo com outras pessoas, o que ele tinha em mente era outro desastre de proporções épicas e que praticamente arruinou uma carreira de duas décadas. Em 1995, o diretor Paul Verhoeven foi responsável por um filme chamado *Showgirls*, sobre uma moça ingênua que vai de stripper a dançaria no submundo de

O INÍCIO DA CAÇA

Las Vegas, um filme tão ruim que virou exemplo de como não se deve fazer um filme (embora, verdade seja dita, ele tenha ido muito bem no — ainda existente — mercado de vídeo e se estabeleceu como uma espécie de sucesso cult.) A estrela era uma mulher chamada Elizabeth Berkley, que fez sucesso durante a adolescência na série *Saved By The Bell*, exibida entre o fim dos anos 1980 e início dos anos 1990, interpretando Jessie Spano. Devido à natureza bastante adulta de *Showgirls*, este era para ser o papel que a consagraria no cinemão, mas a ridicularização do filme marcou o fim da carreira da moça. Elizabeth ainda atua, mas longe do nível que se especulava para ela, e o motivo era aquele papel fracassado como protagonista.

E agora, segundo os boatos, Hunnam temia que lhe acontecesse o mesmo. "Charlie ficou com medo", disse uma fonte anônima ao HollywoodLife.com "Ele saiu do filme por sentir que aquela seria a sua versão de *Showgirls* e não queria ser lembrado por isso." Contudo, é preciso dizer que isso seria pouco provável. A diretora de *Cinquenta tons* era a aclamada Sam Taylor-Wood, totalmente diferente do escandaloso Verhoeven, e desde o início estava claro que ela não tinha a menor intenção de deixar seu filme virar motivo de chacota.

Mas isso não interrompeu os rumores. Ele teria se acovardado? Afinal, era um papel extremamente polêmico. Ou talvez houvesse outros fatores em jogo.

"As consequências deste papel não eram o que Charlie queria para o futuro da sua carreira", disse uma pessoa ligada a ele ao *E! News*. "O assédio e a pressão eram intensos. Mais do que tudo, ele detesta assédio, e estar em *Cinquenta tons de cinza* o obrigaria a dar várias entrevistas. [...] Charlie não quer ser imensamente famoso."

E, se você não quiser ser famoso, é melhor mesmo não se envolver nesse projeto. E.L. James foi filosófica, dizendo: "Desejo tudo de bom a Charlie."

Assim, tudo estava de volta à estaca zero. A caçada foi retomada e novos nomes estavam sendo cogitados, incluindo alguns mencionados anteriormente: Alexander Skarsgård de *True Blood*, Christian Cooke da versão de *Romeu e Julieta* de 2013, Theo James de *Divergente* e Alex Pettyfer de *Eu sou o número Quatro*. Dizia-se que todos tinham chance. Foi nesse momento que a campanha para colocar Matt Bomer no papel realmente ganhou corpo e os fãs fizeram questão de deixar o seu desejo bem claro. Algumas das mensagens (muitas gramaticalmente desafiadoras) foram as seguintes: "Sim sim sim Charlie Hunnam não vai mais ser Christian Grey! ESCOLHAM

O INÍCIO DA CAÇA

MATT BOMER!!!", "Por favor, por favor, por favor, deem a Matt Bomer o papel de Christian Grey em *Cinquenta tons de cinza*!", "RT SE VOCÊ QUER MATT BOMER COMO CHRISTIAN GREY", "Queria ver Matt Bomer escalado para o papel de Christian Grey", "Se eles tivessem escutado a internet e escalado Matt Bomer desde o início...", "MATT BOMER POR FAVOR!!! *Cinquenta tons*, cara!!!", "Matt Bomer pode ser Christian Grey, por favor?!", "Matt Bomer é minha escolha para o papel de Christian Grey!" E assim foi. Várias pesquisas na internet perguntavam: os fãs preferem Ian, Matt ou Alex?

Mas os chefões sem coração de Hollywood não cederam: mesmo nesses dias ordinários, em que boa parte da vida é ditada pelo Twitter, havia muito em jogo para ouvir os fãs. Era preciso ter certeza de que o escolhido colocaria a tela em fogo. "Há muito mais coisas envolvidas nesse papel do que a aparência", tuitou a produtora Dana Brunetti em setembro. "Talento, disponibilidade, o desejo de fazer o papel, a química com a atriz etc. Se o seu ator favorito não foi escolhido, provavelmente é por um desses motivos. Lembre-se disso e analise bem antes de odiar." Foi uma observação um tanto irritada, mas quando o Twitter não existia, Hollywood podia escolher elencos sem interferência e comentários do resto do mundo.

Os apelos por Robert Pattinson voltaram a surgir. Dessa vez, argumentavam que ele não ficaria preso ao papel de Edward/Christian para sempre e que interpretar o traumatizado Christian, com seu gosto por *bondage* e sadomasoquismo, seria uma forma de se afastar de Edward, possivelmente o vampiro mais certinho e de coração puro que já voou pelas noites do mundo. Mas Pattinson não topou. Disseram que ele tinha sido derrotado por Hunnam, mas, na verdade, ele sabia que não seria uma boa ideia. E provavelmente tinha razão: agora separado de Kristen, estava na hora de tentar algo novo. "Rob não vai mudar de ideia em relação ao filme, ele não quer se comprometer com vários filmes e outra franquia", disse uma fonte ao HollywoodLife.com (além dos filmes da série *Crepúsculo*, Pattinson também estrelou *Harry Potter* como Cedrico Diggory, o monitor da Lufa-Lufa). "Ele quer um rumo totalmente diferente para a carreira. Some isto ao fato de não ser a primeira escolha dos produtores, então, não vai acontecer."

Foi nessa época que apareceu outro nome: o de Jamie Dornan, modelo e ator britânico. Informantes diziam que ele era um forte concorrente ao papel. O rapaz certamente tinha a aparência certa e preenchia vários dos mesmos critérios de Hunnam — era um nome conhecido, mas não famoso demais. Além de provar que

O INÍCIO DA CAÇA

era fotogênico, protagonizando várias campanhas como modelo, ele também começava a ganhar fama como ator em ascensão. Será que os produtores finalmente encontraram Christian Grey?

Quem tinha grande poder de decisão sobre o elenco era Dakota. A química certa entre os protagonistas era fundamental e, como ela ia interpretar Anastasia, estava diretamente interessada em saber com quem dividiria a cena, trabalhando com os produtores para escolher o intérprete de Christian Grey. "Ela é muito Anastasia Steele", disse Michael De Luca, um dos produtores, ao *E! News*. "É a melhor parceira que um produtor poderia ter." Dakota estava "ajudando a analisar os candidatos para ver a química que mais chama a atenção".

Estranhamente, isso não era algo inédito. Uma situação parecida acontecera durante a escalação de elenco para o filme *Crepúsculo*. Kristen Stewart tinha sido escolhida para o papel de Bella Swan antes de Edward, e a diretora Catherine Hardwicke também fez questão de atestar a química entre os protagonistas, por isso Kristen ajudou a decidir quem seria o colega de cena. Quando o nome de Robert Pattinson surgiu, a participação dele não estava garantida. A solução encontrada pela diretora foi passar algum tempo com uma câmera e os dois para ver como eles interagiam. O resto jaz na história da indústria do entretenimento, e a química foi tão grande que eles acabaram namorando na vida real. Assim, parecia adequado que o filme de um livro inspirado em *Crepúsculo* escolhesse o elenco da mesma forma.

As manobras nos bastidores continuaram, mas, à medida que o outono norte-americano avançava, aumentava a probabilidade de os produtores finalmente terem encontrado o cara certo. A *Hollywood Reporter* concordava: em outubro de 2013, a revista dizia que Jamie tinha conquistado o papel. E no dia 23 de outubro foi divulgado o anúncio que todos esperavam: saiu no *Variety* que Jamie tinha mesmo conseguido o papel.

"O ator da Irlanda do Norte Jamie Dornan foi escolhido para substituir Charlie Hunnam como Christian Grey na adaptação feita pela Universal e a Focus de *Cinquenta tons de cinza*", dizia a matéria. "O projeto sofreu um grande revés quando Hunnam saiu após estar ligado ao filme por apenas um mês. A Universal alegou que a saída de Hunnam foi devido a problemas de agenda com a série *Sons of Anarchy* e o filme *Crimson Peak*, mas algumas fontes diziam que dificuldades para reescrever o roteiro e as dúvidas do ator sobre o papel poderiam ter sido cruciais para a decisão dele. Quando Hunnam saiu, executivos da Universal e da Focus decidiram arriscar e chamaram Dornan e Billy Magnussen para fazer testes

O INÍCIO DA CAÇA

com Dakota Johnson na sexta-feira. Embora o estúdio tenha pensado em fazer testes com outros atores, até quarta-feira de manhã fontes diziam que mais ninguém tinha sido convidado." O jornal também comentava o fato de Jamie já ter sido modelo de roupas íntimas, o que poderia ser útil, pois "o papel vai exigir que ele atue em cenas sexuais explícitas". A atenção agora estava concentrada no restante do elenco, mas todos poderiam relaxar (até onde é possível relaxar em Hollywood, é claro) agora que os dois protagonistas estavam devidamente escalados. Tudo funcionou perfeitamente: a importantíssima química com Dakota estava lá. "Jamie é Christian e tem mil vezes mais química do que Dakota teve com Charlie — e olha que ela teve uma belíssima química com Charlie", disse uma fonte ao HollywoodLife.com. "Todos estão muito felizes com o resultado." Isso incluía Dakota, que estava bastante envolvida com a escolha do elenco. "Dakota estava sempre em contato com os produtores e o estúdio e se dispôs a fazer de tudo para ajudar no processo", disse a fonte. "Ela botou mesmo a mão na massa, sem trocadilhos. Dakota fez uma leitura de texto sensacional com Jamie." Era uma boa notícia para todos os envolvidos, mas estava criando expectativas. A pressão já era grande e as filmagens ainda nem tinham começado. Outras celebridades correram para comentar no Twitter: "Tenho uma queda por Jamie Dornan há uma década!" — Elizabeth Banks. "Sou muito fã do @JamieDornan1. Não podia ficar atraída por ele em *The Fall* pq ele fazia um assassino que cometia crimes sexuais. *Cinquenta tons* é a minha grande chance!" — Lena Durham. "Espera aí, Christian Grey não é um assassino, é?" — Lena Durham. "@JamieDornan1 é o meu Sr. Grey #CinquentaTonsDeDornan" — Josh Dallas. "RT se você está doido pelo filme *Cinquenta tons de cinza* estrelando @JamieDornan1! #JamieDornan #MalPossoEsperar" — Crystal Hefner. "@ochocinco: Não consegui o papel de Christian Grey. @_RLD: É... Mas Christian Grey é branco. @ochocinco: Podiam ter me branqueado para o filme." — Chad Johnson. "Jamie Dornan é perfeito para ser Christian Grey em *CINQUENTA TONS DE CINZA*. É a escalação de elenco mais inteligente que vi em muito tempo." — Bret Easton Ellis, o autor que estava de olho em tudo relacionado a Christian Grey. Os fãs também ficaram felizes, ainda que moderadamente. O consenso era de que Jamie tinha sido uma escolha melhor que Charlie, embora alguns ainda fizessem questão de declarar a preferência por Matt. Mas ele nunca havia sido oficialmente cotado: após a saída de Charlie, os únicos candidatos fortes eram mesmo Jamie e Alexander Skarsgård. Enquanto

O INÍCIO DA CAÇA

isso, os sites começaram a comparar incessantemente os encantos de Jamie e Charlie. Fotos dos dois sem camisa apareceram em todos os lugares. Os dois eram muito bonitos, mas toda a atenção estava voltada para Jamie agora. Contudo, enquanto o mundo começava a digerir a grande notícia, os boatos voltaram com tudo. Eles diziam que Jamie tinha sido sondado enquanto Charlie ainda estava no projeto, o que colocava tudo numa perspectiva muito diferente. Alegaram ainda que atores como Billy Magnussen e Francois Arnaud também haviam sido testados. Dizia-se à boca pequena que Charlie receberia um valor na casa dos seis dígitos pelo trabalho no filme, uma quantia ínfima comparada aos milhões que costumam ser pagos a papéis principais. Enquanto isso, surgiu a notícia de que Patrick Marber tinha sido chamado para melhorar o roteiro, aumentando as suspeitas de que o original não era mesmo satisfatório. Apesar dos rumores, o anúncio da escalação de Jamie revigorou o projeto e lançou uma onda de empolgação sobre um dos filmes mais esperados dos últimos tempos. Enquanto fotos de Jamie de cuecas continuavam a se espalhar pela internet, o consenso era de que os produtores acertaram: em primeiro lugar, ele realmente tinha a aparência certa para o papel. Ao mesmo tempo, a curiosidade sobre o homem que estava prestes a virar foco de um grande esforço promocional só aumentava. Sabia-se apenas que ele já trabalhara como ator, era da Irlanda do Norte, tinha namorado Keira Knightley e ficava lindo de cuecas. Além disso, Jamie era um desconhecido, até mesmo enigmático — exatamente como Christian Grey. Será que ele poderia incendiar a tela e captar a alma atormentada de Christian? E, afinal, quem era esse homem que tinha vencido uma competição fortíssima entre os mais jovens e belos atores de Hollywood, conquistando o papel que iria transformá-lo num astro internacional de primeira grandeza?

2 O PEQUENO JAMIE

Era o primeiro dia de maio de 1982 em County Down, Irlanda do Norte, e James C. Dornan (mais conhecido como Jim) e a mulher Lorna estavam empolgadíssimos. Eles tinham acabado de dar as boas-vindas ao terceiro filho: outro James, que para sempre seria conhecido como Jamie. Duas meninas, Liesa e Jessica, já tinham vindo ao mundo sem a ajuda do pai Jim, que mesmo sendo obstetra e ginecologista, não teve permissão para fazer o parto das próprias filhas devido aos costumes da época. Na verdade, exigiu-se até que ele saísse do centro cirúrgico. "Eu me senti fisicamente nauseado ao testemunhar a dor do parto sofrida pela minha esposa, Lorna", disse ele ao *Irish News*, mas as três crianças nasceram com saúde. O futuro astro de *Cinquenta tons de cinza* estava de fralda num berço, já cercado de admiradores. A fralda e o berço iriam desaparecer, mas ele estava destinado a ter fãs por boa parte da vida.

Jamie nasceu numa família bastante ilustre: o pai, Jim, era conhecido naquela região da Irlanda do Norte como um dos melhores e mais proeminentes médicos de sua especialidade, e foi Diretor de Medicina Fetal no Royal Maternity Hospital e presidente da organização de caridade Tiny Life da Irlanda do Norte. O professor Dornan, para citar o título correto, também foi vice-presidente sênior do Royal College of Obstetricians and Gynaecologists e fez parte do conselho da Queen's University de Belfast e da University of Ulster, além de ser militante internacional das questões voltadas para a saúde da mulher.

Os avós maternos e paternos de Jamie eram pastores metodistas leigos, e o pai Jim era o filho único do avô também chamado Jim, um contador em Belfast que, segundo os relatos, era um ótimo jogador de futebol. O avô Jim era gerente geral do antigo Instituto para Aleijados em Bangor, que agora se chama Lar para Portadores de Deficiência da Irlanda do Norte, uma criação que afetou profundamente a visão de mundo do Jim mais jovem.

De modo bastante incomum para a época, Jim foi trazido ao mundo por uma médica chamada Joy Darling.

O PEQUENO JAMIE

Talvez fosse um sinal precoce de que ele iria passar a vida trabalhando com mulheres, fazendo o parto de inúmeros bebês — no mínimo, alguns milhares — e dedicando-se às complicações do parto. Mas ele estava longe de ter uma infância comum: o menino cresceu no Instituto para Aleijados, que reunia uma casa para crianças, outra para homens, uma para as férias e algumas oficinas. Além disso, ele frequentou o liceu Bangor Grammar School. Foi uma criança alegre, e ver tanta dificuldade e sofrimento deve ter lhe dado a empatia que nunca perdeu. Ele recusou um cargo na Trinity College, em Dublin, para ir à Queen's University, em Belfast, onde descobriu a ginecologia e os sistemas reprodutores, que considerava "o módulo mais empolgante que fiz até agora". Ele admitiu posteriormente que, se não fosse médico, teria se tornado professor. Porém, numa época de altas taxas de mortalidade infantil, houve o temor inicial de que ele passaria boa parte da vida consolando mães enlutadas. Como a medicina se desenvolveu ao longo do tempo, não precisou fazer isso.

Independentemente do motivo, Jim sempre mostrou uma empatia imensa em relação às mulheres e, talvez por isso, nunca sofreu com a falta de companhia feminina, tendo namoradas desde bem novo. Porém, ao conhecer a mãe de Jamie, Lorna, que era enfermeira, ele sentiu

JAMIE DORNAN – TONS DE DESEJO

a necessidade de ter um relacionamento sério, e os dois começaram a construir uma família, primeiro com duas meninas e, por fim, com Jamie. Eram tempos felizes. O pequeno Jamie desenvolveu uma paixão pela leitura, que nunca o abandonou, e, atlético, começou a jogar rúgbi aos 8 anos e golfe aos 11. Ele também amava os animais e, quando jovem, decidiu virar guarda florestal. Mas o destino lhe reservava um futuro bem diferente.

Por ter crescido na Irlanda do Norte, Jamie não podia escapar das tensões diárias associadas aos Troubles. Os conflitos políticos e às vezes bastante violentos entre católicos e protestantes ainda estavam acontecendo nessa época, e ele, como todos, era afetado pela situação. "Acho que o povo da Irlanda do Norte tem uma sensação geral tácita do que é viver a segregação", disse ele ao *Daily Telegraph*. "Você tem consciência porque sabe quanto sofrimento isso causou. Foi uma pequena porcentagem de pessoas que arruinou o país, mas deixou todas as outras furiosas." Jamie era protestante enquanto o IRA fazia uma campanha de atentados a pessoas ilustres da Irlanda do Norte e na Grã-Bretanha. Quando saiu de casa, os Troubles praticamente não existiam mais. No entanto, quem viveu aquela época não esquece. Seria ridículo associar as experiências dele ao perturbado Christian Grey, mas ambos sofreram traumas na infância. E para Jamie, ainda haveria mais situações difíceis pela frente.

Enquanto ele ainda era menino, houve muita diversão. As artes cênicas eram uma tradição familiar: os avós maternos e paternos eram pastores e, embora provavelmente não gostassem de ser comparados a atores, tal função exige presença de palco e capacidade de se apresentar. O pai de Jamie, Jim, também foi ator amador e até pensou em seguir carreira quando jovem. Um fato ainda mais impressionante é que Greer Garson, uma grande estrela conhecida pela produção *Mrs. Miniver*, de 1942, era tia-avó de Jamie. Ele nunca chegou a conhecê-la, embora tenha escrito uma carta de fã quando era adolescente, carta que ela nunca teve a oportunidade de ler, porque, dois dias após a carta ter sido escrita, a morte de Garson foi anunciada no rádio.

Obviamente, atuar estava no sangue dele, embora isso ainda não estivesse claro. Apaixonado por esportes e ainda sonhando em ser guarda florestal, Jamie entrou no Methodist College, conhecido localmente como Methody, escola de ensino médio localizada no sul de Belfast. Era uma instituição acadêmica com boa reputação em música e esportes (especialmente rúgbi, hóquei e remo), com alta porcentagem de aprovados em Oxford e Cambridge e que se gabava de ter alunos proeminentes como Chris Barrie, da série *Red Dwarf*, a apresentadora de TV Caron Keating e os jogadores de rúgbi Craig Gilroy e Paddy Jackson, além de políticos, ganhadores do Nobel, poetas, escritores e diplomatas famosos.

Também era o tipo de escola que educava os alunos para profissões convencionais, não para virar modelos que posteriormente se tornariam atores. Mas Jamie era querido, e a escola tinha uma forte tradição em teatro amador, onde ele continuou a mostrar habilidade precoce, outro sinal do que estava por vir. "Ele era muito modesto", disse a vice-diretora Norma Gallagher ao *Radio Times*. "Uma das suas melhores matérias era teatro. Eu me lembro dele interpretando um ótimo leiteiro em *Blood Brothers* e Baby Face em *Bugsy Malone*." Jamie levava o teatro amador a sério e começou a aparecer em vários circuitos na Irlanda, chegando a atuar em *O jardim das cerejeiras,* de Tchekhov.

Apesar da eterna tensão dos Troubles, Jamie teve uma vida feliz e privilegiada em Belfast. Ao contrário de alguns colegas, ele não veio de uma família da classe operária: sua criação foi de classe média alta, numa bela casa de subúrbio ajardinado e com todo o conforto que alguém poderia desejar. Mesmo assim, ainda não havia a menor ideia de qual caminho ele seguiria na vida adulta. O teatro amador continuava apenas isto: amador.

O PEQUENO JAMIE

Desde criança, Jamie era bastante ativo e continuava assim no Methody, onde praticava vários esportes, ajudando a construir o famoso físico que lhe daria tanto destaque no futuro. Ele gostava particularmente de rúgbi, jogando como um asa rápido que podia correr cem metros em 11,1 segundos. Esse amor pelos esportes o acompanhou na vida adulta, embora ele admita nunca frequentar academia. E pelo menos quando era jovem, podia comer besteira sem o menor problema, pois certamente conseguia queimar tudo nessas corridas de rúgbi.

Também foi no Methody que Jamie descobriu as garotas. O primeiro beijo aconteceu aos 12 ou 13 anos, ele confidenciou à revista *Fabulous*: "Foi aquela história clássica de estar atrás do bicicletário coberto da escola quando tinha 12 ou 13 anos, com uma menina cujo nome eu não consigo me lembrar", admitiu. Estava longe de ser um relacionamento sério, mas já era um sinal de que as mulheres o achavam muito atraente.

Para um garoto alegre e de temperamento agradável, Jamie enfrentou uma grande quantidade de tragédias bem cedo na vida, que lhe renderam até hoje um ar triste. O primeiro evento cruel aconteceu aos 16 anos, quando a mãe recebeu o diagnóstico de câncer pancreático. Ela morreu logo em seguida, deixando a família em choque. Anos depois, ao ser perguntado sobre como conseguira superar a perda, o pai de Jamie disse, sem meias palavras, que não tinha superado. A família ficou arrasada. "Ninguém está preparado para algo assim", disse ele numa entrevista ao apresentador de TV irlandês Eamonn Mallie. "Ficamos total, completa e imensamente arrasados. Mas conseguimos lidar com isso." Contudo, a perda tão precoce da mãe é algo que sempre surge nas entrevistas. Foi uma das piores coisas que poderia ter acontecido a um garoto naquela idade.

Infelizmente, a tragédia não acabou ali. Em apenas 14 meses, quatro amigos de Jamie morreriam tragicamente num acidente de carro. Foi outro baque do qual ele levou anos para se recuperar e que ainda surge nas entrevistas. Àquela altura deve ter parecido que a sequência de eventos traumatizantes jamais teria fim. "Vivi uma época horrível quando tinha 16, 17 anos", disse ele numa entrevista ao *London Evening Standard*. "A terapia me ajudou a superar. Não sei como teria enfrentado tudo sem ela. É horrível dizer isto, mas é quase melhor que essas coisas tenham acontecido cedo na minha vida, porque me prepararam para situações que podem surgir depois. Na verdade, eu não sei se vai funcionar assim, foram só eventos horríveis que aconteceram."

O PEQUENO JAMIE

Jamie tinha perdido a mãe e os amigos, sua visão de mundo tinha mudado e sua vida sofreu um grande baque. A terapia pode tê-lo ajudado a entender o que aconteceu, mas os fatos terríveis e incontestáveis estavam lá. Contudo, não importa o quanto tenha sido doloroso, ele precisava seguir em frente. Como Jamie ainda estava na escola, ele devia terminar os estudos e decidir o que faria. Toda a família teve de aprender a lidar com a perda e, com o tempo, à medida que a nova realidade foi sendo assimilada, tudo voltou mais ou menos ao normal.

E outra reviravolta ainda estava por vir, embora esta tenha sido extremamente positiva. O pai de Jamie conheceu a também médica Samina Mahsud, que acabaria virando sua segunda esposa em 2002. Especialista e consultora em medicina fetal da Unidade Regional do Hospital Royal Maternity, em Belfast, Samina era vinte anos mais jovem que Jim e de outra etnia, diferenças que poderiam ter causado problemas, mas não foi o caso. Na época, em 1998, ela trabalhava como secretária de um amigo dos Dornans que também conhecera Lorna e achava que os dois ficariam bem juntos.

"Ele meio que sabia que eu gostaria de conhecê-la", contou Jim a Eamonn Mallie. "Então, ele a convidou para me ouvir: fiz uma palestra no Four Provinces em Dublin, ela veio falar comigo e foi bem instantâneo, devo dizer. Ela é linda, muito espirituosa e bem-humorada, e foi por causa do senso de humor que me apaixonei por ela." A atração foi imediata, com Jim lembrando que dirigia oito horas até Limerick para encontrá-la, embora eles só tenham assumido o namoro no ano seguinte.

Como estavam noivando, Jim precisava conhecer os pais dela, algo sempre tenso, ainda mais nesse caso, devido às diferenças de idade e de cultura. A família de Samina era do Waziristão, região montanhosa que vai do nordeste do Paquistão ao leste do Afeganistão. Jim já tinha vivido um tempo naquela parte do mundo. Além disso, o pai de Samina estudara na Southampton University e, portanto, estava familiarizado com os costumes ocidentais. Jim e Samina inventaram uma história dizendo que ele viajaria ao Paquistão para comprar alguns móveis e, como era amigo de Samina, o pai o buscaria no aeroporto. Na ocasião, o futuro sogro de Jim adivinhou o motivo da visita e o aconselhou a procurar uma pretendente mais jovem, inclusive recomendando alguém mais nova que Samina. Ele também era uma figura ilustre, responsável pela água e energia do Paquistão há vinte anos, e sabia identificar um homem respeitado e de boa

O PEQUENO JAMIE

educação. As famílias se deram muitíssimo bem, talvez ajudadas pelo fato de o pai de Samina ter sido criado por freiras irlandesas. Infelizmente, tanto o pai quanto o sogro de Jim acabaram tendo leucemia e, embora o pai de Jim tenha sobrevivido, o de Samina faleceu.

O casal estava feliz e as famílias confraternizaram, mas deve ter sido uma época difícil para Jamie. Ele tinha perdido a mãe, e embora de forma alguma Samina possa ser considerada uma substituta, não deve ter sido fácil, algo que Jim sabia muito bem. "Sabe, tudo sobre Jamie me deixa orgulhoso", contou o pai ao *Irish Central* quando o filho começou a ganhar fama. "A forma como ele reagiu à morte da mãe e quando seus quatro amigos morreram num acidente de carro, a forma como ele reagiu ao desafio de entrar no mundo em que está agora, e também à minha nova parceira e esposa. É um homem incrivelmente equilibrado e bom. Tem a cabeça no lugar. Não estou falando à toa, ele é uma das melhores pessoas que conheço."

Samina acabaria tendo uma influência positiva muito grande na vida do novo enteado, mas, enquanto isso, havia a pequena questão sobre o que ele iria fazer da vida. Com o tipo de criação que tivera, a universidade parecia ser o caminho óbvio (embora já tivesse começado a trabalhar como modelo, ainda não tinha ocorrido a Jamie seguir carreira) e então, depois de conseguir os certificados A-level* em cultura clássica, literatura inglesa e história da arte, ele entrou na Teesside University para estudar marketing. Antes de as aulas começarem, ele teve alguns empregos temporários, trabalhando em telemarketing para vender energia elétrica e gás ("Horrível. Durei só uma semana", contou ele ao *Times)* e dirigindo carros usados para uma casa de leilões ("Foi um ponto baixo na minha carreira. Fiz isso por apenas um dia"). Era melhor a universidade chegar rápido.

A Teesside University ficava em Middlesbrough, nordeste da Inglaterra, e era novata no mundo acadêmico, tendo obtido o status de universidade em 1992. Era uma faculdade de origem técnica com um ambiente bastante amigável: as acomodações fornecidas aos calouros tinham até cozinha. Pela primeira vez, Jamie morava na Inglaterra e, também pela primeira vez, ingressava não apenas na vida universitária, mas na vida em geral da Grã-Bretanha.

Desde o começo, porém, era óbvio que ele poderia fazer algo maior. Em primeiro lugar, Jamie era asa do

---

*No Reino Unido, o ensino médio permite que o aluno estude determinados assuntos ao longo do curso e obtenha certificados de proficiência em alguns temas, podendo entrar diretamente no mercado de trabalho ou usá-los para tentar uma vaga na universidade. (*N. do T.*)

time de rúgbi Belfast Harlequins e, se ele tinha alguma ideia sobre o que fazer pelo resto da vida, essa ideia tendia mais ao rúgbi do que à carreira de modelo e ator. O rapaz estava muito mais preocupado em jogar rúgbi do que estudar e, após um breve período na universidade, percebeu que tinha cometido um erro depois de assistir a apenas nove horas de aulas. "Nove horas foram mais que o suficiente. Eu não fazia ideia do que eles estavam falando." E assim, mal tendo experimentado as alegrias da vida acadêmica, ele abandonou a universidade com a intenção de se dedicar ao esporte. "Eu só bebia e jogava rúgbi", disse ele à revista *ShortList Mode*. "Nunca ia às aulas. Eu não iria enriquecer o mundo do marketing se tivesse me formado."

No entanto, havia algo mais. Jamie estava se tornando um jovem visivelmente bonito (o pai, Jim, também sempre foi considerado um homem bastante atraente) e todos estavam começando a notar isso, especialmente a família. Então, quando a irmã Liesa viu um anúncio de um novo programa do Channel 4, chamado *Model Behaviour*, sugeriu que o irmão caçula tentasse participar. Jamie ficou intrigado e foi com um amigo, tendo sido selecionado para a próxima etapa. "Cheguei num palco onde havia cinco pessoas de cidades diferentes que iriam a Londres. Eu era uma das cinco pessoas de Belfast, o que não ajudava muito", disse ele à *ShortList Mode*. "Cheguei à etapa londrina. A ideia era reduzir os participantes até o ponto em que todos viveriam juntos numa casa, mas fui expulso no segundo dia."

Jamie não se preocupou com isso nos anos seguintes, mas acabou percebendo o quanto o programa havia feito diferença na sua vida. "Para falar a verdade, eu não estava muito empolgado", disse ao *Sunday Times*. "Não era algo que queria fazer. Naquela época eu estava jogando muito rúgbi. Era um moleque. Ser modelo não parecia exatamente a próxima etapa. Então convenci um amigo a vir comigo. Ele topou, mas não foi chamado para o dia seguinte. Eu estava sozinho a partir dali, mas acabou dando certo."

Mesmo sem chegar às finais, foi um período importante para Jamie, porque várias agências de modelos o viram e sugeriram que ele entrasse em contato com o famoso fotógrafo Bruce Weber. "Ele foi bom para mim e logo me arranjou alguns trabalhos", contou ao *Daily Mail*. Jamie também apareceu na televisão e sentiu pela primeira vez como era a vida sob os holofotes, embora nos primeiros meses tenha sido tudo muito calmo.

Ele ainda não sabia, mas a primeira etapa da sua carreira estava em andamento. E, de certa forma, era uma escolha engraçada. Embora tenha ficado mais desenvolto após anos de fama, Jamie era um menino tímido, to-

O PEQUENO JAMIE

talmente desligado do efeito que tinha nas mulheres. "Não que eu tenha saído por aí pegando todas", contou ele ao *Daily Mail*. "Sempre pareci mais novo e era baixinho. Eu odiava ser 'fofo'." A pouca altura acabaria funcionando a seu favor, como acontece com as mulheres, visto que a câmera engorda. E embora fosse um pouco mais baixo que a maioria dos modelos, como Kate Moss, com quem acabaria trabalhando e a quem seria constantemente comparado, ele não era tão baixo pelos padrões convencionais. Era apenas menor. E foi para deixar de ser "fofo" que Jamie deixou a barba crescer pela primeira vez.

Jamie ainda não cogitava a carreira de ator, mas pensava seriamente em entrar no mundo da música. Assim, em 2002, ele se juntou ao melhor amigo David Alexander, a quem conhecia desde os tempos de escola, e os dois criaram uma banda chamada Sons of Jim (pois tanto o pai de David quanto o de Jamie chamavam-se Jim). Jamie depois considerou a iniciativa precipitada, e é verdade que eles nem chegaram perto do sucesso, embora tenham conseguido abrir shows para KT Tunstall. Apesar disso, havia um certo apelo no tipo de pop com pitadas folk feito por eles. Os dois certamente se apresentavam como rapazes agradáveis: assumidamente masculinos, batizaram o selo no qual gravaram algumas músicas de Doorstop Records em homenagem a uma lanchonete de Belfast.

Jamie acabou concluindo que não era um bom músico, e disse que os dois eram jovens, ingênuos e despreparados, mas talvez esse fosse mais um sinal de que a indústria do entretenimento estava entrando cada vez mais em seu sangue — ou que, pelo menos, ele tinha o desejo de se apresentar em público. Eles fizeram alguns shows, apareceram em programas de TV e conseguiram alguma fama, embora nunca tenham realmente estourado. Por um lado, isso significou mais experiência de TV e mais exposição para Jamie. Foi um caso de ir vivendo e descobrindo o que ele gostaria de fazer ao longo do caminho. Apesar de Jamie minimizar a importância da empreitada, a Sons of Jim até que durou bastante. A dupla continuou depois que ele se mudou para Londres e teve um bocado de espaço entre os trabalhos de Jamie como modelo, quando a carreira dele começou a decolar.

O que Jamie desejava e imaginava fazer era virar atleta profissional, mas, como disse John Lennon numa frase que um dia se tornaria famosa, a vida é o que acontece enquanto você faz outros planos. Nem o esporte nem a música estavam decolando do jeito que ele gostaria ou esperava, mas sua aparição inicial no *Model*

O PEQUENO JAMIE

Behaviour abriu alguns olhos para o potencial dele. Além disso, o contato inicial com Bruce Weber tinha mostrado a todos que o rapaz poderia ser muito requisitado. E na verdade foi Samina — àquela altura, madrasta de Jamie — a primeira pessoa a perceber que o enteado poderia seguir carreira como modelo. Mas para isso ele precisaria sair de Belfast. De certa forma isso já tinha acontecido, visto que ele tinha ido à Inglaterra para frequentar a universidade, mas era temporário, pois sempre podia voltar para casa nos feriados e nas férias. Agora era para valer: uma grande fuga de tudo o que ele conhecera. Jamie já era adulto, e não seria mais um rapaz inocente descobrindo a cidade grande. Ainda assim, ele passou a vida inteira na Irlanda do Norte, exceto pelo breve período na universidade, e este era um caminho completamente novo.

Em Londres, a vida de Jamie continuou a não sair conforme o planejado. Ele passou por maus bocados até a situação melhorar, conforme revelou numa entrevista dada a um jornal no início da fama.

"Quando era mais novo, achei que faria carreira nos esportes algum dia. Eu também estava envolvido com teatro", disse ele ao jornal *The Scotsman*. "Aí você fica mais velho e precisa decidir para onde vai e o que quer fazer, então meio que aconteceu. Meu pai era um bom ator quando jovem, minha tia esteve bastante envolvida com teatro amador na Irlanda do Norte e minha tia-avó era uma mulher chamada Greer Garson. Ela ainda tem o recorde de discurso mais longo de agradecimento ao Oscar, o que é bem legal. Então isso está na família. Meu pai teve a oportunidade de entrar na Academia Real de Artes Dramáticas quando terminou o ensino médio e não aceitou. Acabou virando médico e se realizou na vida, mas acho que há uma parte dele que sempre teve vontade de atuar, então ele provavelmente está tão empolgado quanto eu com a minha profissão, porque vai viver isso indiretamente."

Finalmente, depois do trauma vivido na adolescência, Jamie estava encontrando o sucesso e a felicidade — e, mais adiante, também encontraria o amor.

3 O TÓRAX DOURADO

E assim, como muitos antes dele, Jamie decidiu se mudar para Londres em busca de fama e fortuna. Com a carreira musical borbulhando em segundo plano, a ideia de virar atleta profissional estava desaparecendo. Ele ainda queria atuar, mas não houve avanço nesse sentido. Contudo, algo que estava ficando claro para Jamie era que ele gostaria de tentar ser modelo, embora no início a carreira não tenha saído conforme o planejado.

A vida na capital inglesa pode ser dura, e Jamie logo descobriu isso. Ele encontrou um apartamento num conjunto habitacional de Hackney, região leste de Londres, que pode ser uma área chique para morar, mas também é um lugar bem complicado. Ele estava completamente sem dinheiro e, por um breve período, teve uma vida muito difícil. Trabalhou num pub para se sustentar e, como mal conseguia sobreviver, chegou ao ponto de dividir um banheiro com mais 12 pessoas num determinado momento. Não havia muito conforto, o que era uma situação bem diferente da sua infância. "Por algum motivo, apesar de ser muito barato, eu não conseguia comprar uma mísera chaleira, então para fazer chá eu deixava a torneira de água quente aberta por um tempão", disse ele a J.P. Watson numa entrevista ao site jpwatson.co.uk. Ele nem podia comprar uma televisão decente e tinha que se virar com um antigo modelo em preto e branco. Não era exatamente a melhor vida do mundo. Jamie foi a Milão na esperança de conseguir alguma oportunidade em desfiles de moda, mas não teve sorte. Os únicos trabalhos como modelo que conseguiu arranjar envolviam vestir suéteres de mau gosto para catálogos de moda. Definitivamente não era *la dolce vita*.

E foram seis meses de sofrimento até o pai de Jamie aparecer para uma visita. Acostumado à sua bela casa nos subúrbios de Belfast, Jim não ficou feliz ao ver as circunstâncias em que o filho estava vivendo. Tudo piorou ainda mais quando ele pediu para assistir a um jogo de rúgbi na televisão. "A imagem estava cheia de fantasmas", disse Jamie. "Eu me sentei com meu pai, entre-

O TÓRAX DOURADO

guei-lhe uma xícara de chá feita com a água quente de uma torneira enferrujada e assistimos àquela porcaria de televisão. Ele me olhou e disse: 'Filho, você não pode viver assim' e decidiu me ajudar a sair daquela situação."

Era o empurrão que Jamie precisava. Ele passou a conseguir mais trabalhos e — no início, aos poucos; depois, muito rapidamente — foram surgindo oportunidades com grandes nomes. Em 2002, ele foi notado pela agência de modelos Select e logo estava aparecendo em revistas como *GQ* e *Attitude*.

No seu trabalho mais famoso, Jamie foi parar nos outdoors da Calvin Klein, posando com Eva Mendes numa campanha que lhe rendeu o apelido de "Tórax Dourado". Jamie ficou um tanto perplexo. "O que isso significa? É uma referência de cor? Acho que foi um elogio. Espero que sim", disse ao *Daily Telegraph*. O trabalho envolvia basicamente "um monte de gente passando um bronzeador escuro e oleoso em mim, porque sou um irlandês branco, e isso era um problema". Os anúncios para a Calvin Klein renderam muitos comentários e, em 2006, ele participou de uma campanha com Kate Moss que causou alvoroço devido ao topless dela. Mais uma vez (e estava longe de ser a última), Jamie foi considerado o equivalente masculino de Kate, e os dois tinham mesmo uma leve excentricidade que os destacava da multidão.

Os nomes realmente famosos estavam começando a surgir: Dior, Armani e uma campanha para a Asprey em que, num ensaio fotográfico em Manhattan no ano de 2003, ele conheceu Keira Knightley, ex-estrela infantil que tinha se tornado uma atriz incrivelmente conhecida no filme *Driblando o destino*. O namoro não demorou a acontecer, embora eles tenham mantido o romance em segredo por algum tempo. Keira também apresentou Jamie ao seu agente, o que se mostrou bem útil quando ele finalmente decolou na carreira de ator. O início do relacionamento teve lá os seus traumas: houve boatos (depois negados) de que o ex-namorado de Keira, o ator Del Synnott, teria sofrido uma overdose quando eles se separaram. Também disseram que ela pediu um tempo no relacionamento com Jamie para se recuperar do baque, mas logo tudo voltou aos eixos. Foi o primeiro gostinho da fama para Jamie: afinal, Keira era uma grande estrela. A revista *People* chegou a entrar em contato com ele em Nova York para descobrir o que estava acontecendo. "Para ser sincero, não posso falar sobre isso", explicou. "Basicamente a minha agência disse que eu devia direcionar todas as ligações sobre esse assunto para eles. Não posso [falar sobre isso]. Peço desculpas, mas realmente não posso."

E os nomes no currículo de Jamie como modelo não paravam de aumentar: Hugo Boss, Nicole Farhi, Massimo Dutti e a Gap. Ele não era exatamente famoso, pois a maioria dos modelos (especialmente homens) só é conhecida em circunstâncias excepcionais, mas o rosto dele estava ficando familiar. Revistas, outdoors... Jamie estava em toda parte, encarando a plateia com ar pensativo. De fato, ele já estava até desenvolvendo um olhar sério que se tornaria sua marca registrada.

E o que o pessoal de Belfast achou de tudo isso? "Não era exatamente o que meu pai esperava de mim", confessou ele a J.P. Watson. "Muitos colegas dele achavam vergonhoso que eu estivesse recebendo dinheiro para tirarem fotos minhas. Cresci jogando rúgbi e provavelmente eles acharam que aquilo era uma coisa meio afeminada."

Jamie estava ficando bom nisso, no entanto, e logo viraria o modelo masculino mais bem pago do mundo. Ele se incomodava por ser lembrado principalmente como modelo de roupas íntimas, considerando os inúmeros trabalhos que fez totalmente vestido. Jamie ainda queria ser ator, mas como essa nova e levemente inesperada mudança de rumo estava se mostrando bastante lucrativa, resolveu ser pragmático: enquanto tentava se destacar atuando, ele aceitava os trabalhos que apareciam. Esses trabalhos o deixavam realizado? Não. Mas pagavam as contas.

"Nunca me senti completamente satisfeito ficando lá parado enquanto alguém tirava uma foto minha", disse ele ao *London Evening Standard* alguns anos depois, quando finalmente decolou como ator. "Isso nunca me encheu de felicidade, [mas] eu teria que ser um homem bem idiota para recusar o que me ofereciam. Você tem vinte e poucos anos, e as pessoas pagam uma quantidade absurda de dinheiro para você ficar encostado numa parede e de cabeça baixa. É f***, não tem como recusar." E ele não recusou. Usar a torneira de água quente para fazer chá era uma lembrança cada vez mais distante.

Isso tudo poderia ter lhe subido à cabeça, mas não foi o caso. Os fortes laços familiares ajudaram a manter seus pés no chão, e a personalidade naturalmente modesta e autodepreciativa de Jamie era ideal para um mundo no qual a aparência é tudo e alguns profissionais começam a acreditar piamente no que os assessores de imprensa dizem sobre eles. Jamie não era assim. Não apenas discordava da opinião de algumas pessoas de que era o homem mais lindo do mundo como também nem se achava particularmente bonito. "Não gosto do meu porte físico", disse ele à revista *Interview*. "Aliás, quem gosta? Fui um adolescente magrelo e continuo me

O TÓRAX DOURADO

sentindo assim." Mas os outros não o viam dessa forma. Agora altamente requisitado como modelo, ele estava prestes a dar o próximo passo: ser reconhecido além desse mercado. Quando o público começasse a saber quem ele era, Jamie estaria no caminho certo.

Mas isso ainda levaria algum tempo, e essas palavras também deixavam transparecer uma insegurança que afetaria a sua vida pessoal. Em 2003, Jamie e Keira assumiram publicamente o namoro, aumentando ainda mais o interesse nele. Keira, nascida em 26 de março de 1985 e alguns anos mais nova que Jamie, foi criada na indústria do entretenimento: seu pai era o ator Will Knightley e a mãe, a atriz e roteirista Sharman Macdonald. Keira começou a atuar ainda criança, estreando no cinema em 1995. Depois, em 1999, fez papel de Sabé no filme *Guerra nas estrelas — Episódio I: A ameaça fantasma* e, enquanto estava com Jamie, conquistou o estrelato mundial graças à imensamente bem-sucedida franquia *Piratas do Caribe*, na qual interpretou Elizabeth Swann ao lado do capitão Jack Sparrow, vivido por Johnny Depp. Assim, o início do romance coincidiu com a ascensão de Keira ao primeiro time das celebridades, com tudo o que isso envolve.

Pela primeira vez, Jamie começou a ver de perto como era a vida sob os holofotes e não ficou muito empolgado com isso. Keira era uma grande estrela, e os paparazzi a seguiam por toda a parte. Tudo o que ela fazia, dizia e vestia interessava ao público, deixando Jamie surpreso com o assédio. "Estar com Keira me deu uma noção de como tudo isso pode ser podre", disse ele ao *Daily Telegraph* alguns anos depois. "Uma mulher jovem está sendo seguida pelas ruas, não há nada de bom a dizer sobre isso."

Em outra ocasião, ele falou sobre o assunto ao *Standard*. "Era um ambiente estranho para se estar, sendo caçado e seguido", disse ele. "É realmente horrível. Puta que pariu, [os paparazzi] são cretinos. Não tenho respeito algum por esses caras. Há tantas formas de se sustentar que não envolvem se esconder em arbustos em frente às casas de garotas de 18 anos com uma câmera nas mãos. Isso não é ganhar a vida, é escolher deliberadamente ser um pervertido filho da puta. Deve ser mais fácil aguentar esse tipo de coisa quando se é mais velho. E nem acho que vou ser tão famoso quanto ela algum dia."

Quando Jamie conquistou um dos papéis mais cobiçados do cinema nos últimos tempos, os amigos se preocuparam por não saber como ele encararia o assédio que estava por vir. Era bastante provável que Jamie virasse alvo dos paparazzi exatamente como Keira, e certamente havia pessoas apreensivas com a reação do rapaz.

O TÓRAX DOURADO

E também havia a questão de lidar com a crescente popularidade de Keira. Em 2004, ela foi considerada a atriz de cinema mais sexy de todos os tempos numa votação feita pela revista *Empire*. Ela era realmente um ótimo partido e parecia se esforçar para manter o relacionamento discreto: embora eles tenham sido fotografados juntos algumas vezes, na estreia de *Rei Arthur*, Keira foi sozinha ao tapete vermelho, enquanto Jamie acompanhava a mãe dela. Eles ficaram longe um do outro na festa pós-première até Keira ficar um tanto embriagada.

"Keira e Jamie passaram boa parte da noite separados e só quando Keira admitiu que estava difícil segurar a onda devido ao champanhe, eles se isolaram num sofá e ele passou levemente o rosto pelos cabelos dela", disse um dos convidados ao *Daily Express*. "Só depois de Keira estar meio alta e ter dado todas as entrevistas necessárias, ela se permitiu passar um tempinho com ele. Keira ria e dizia que estava bêbada, mas, na verdade, estava muito controlada, considerando que era uma imensa estreia em sua homenagem. E em vez de se deixar levar, pouco depois de o casal ter dividido o sofá, Jamie e a mãe dela saíram pelos fundos." Ele também foi obrigado a enfrentar todos os rumores e especulações que fazem parte de qualquer relacionamento com uma celebridade: constantes relatos (falsos) de que o casal tinha se separado, que Keira estava interessada no colega de cena Adrien Brody, que nem tudo estava bem entre o casal e que depois eles tinham se reconciliado.

Somente o mais forte dos relacionamentos aguentaria essa pressão e, mesmo com a maior boa vontade do mundo, Jamie e Keira ainda eram extremamente jovens, mal começaram a vida e já trabalhavam numa indústria repleta de pressões. Relacionamentos bem fortes já ruíram sob o peso desse tipo de pressão. Quanto a Brody, o principal motivo para esses rumores parecia ser o fato de os dois saírem para beber de vez em quando, durante as filmagens de *Camisa de força* em Glasgow. Isso bastou para gerar manchetes como "Keira caiu no papo do ex". Não era fácil viver assim. Por outro lado, foi um bom treino para o momento em que o próprio Jamie sentiria o impacto da fama.

À medida que o relacionamento progrediu, Jamie e Keira foram a estreias e pré-estreias, às vezes jovens, lindos e elegantemente vestidos — ou cobertos de lama e totalmente no clima do evento durante o festival de Glastonbury. Era o primeiro relacionamento sério de Jamie e, por algum tempo, foi bastante sólido: os dois se adoravam e se encontravam sempre que podiam, o que era quase sempre complicado, devido à vida agitada de ambos. Além disso, geralmente chamavam muita atenção por formarem um dos casais mais bonitos do mundo. Eles até conheceram os pais um do outro. Será que iriam dar o próximo passo? Estariam Jamie e Keira pensando em formar uma família?

Em 2004, quando Jamie tinha 22 anos e Keira, 19, ele se mudou para o apartamento dela em Mayfair, na região central de Londres. A própria Keira, na época interpretando uma Guinevere calejada de guerra no filme *Rei Arthur*, fez questão de contar ao *Sunday Mirror* sobre o relacionamento: "Jamie é ótimo, sou louca por ele", derreteu-se. "Ele mantém a minha sanidade quando o estresse é grande e sempre nos divertimos muito juntos." O jornal perguntou se ela já considerava o casamento, e Keira respondeu imediatamente: "Ainda sou muito nova. Um dia, talvez, mas casamento e filhos não estão na minha cabeça agora." Mesmo assim, os dois pombinhos volta e meia eram fotografados aos arrulhos. Eles obviamente se adoravam. Será que o relacionamento estava prestes a fracassar?

Ainda não. Amigos de Keira falavam do quanto ela "idolatrava" o namorado, e os dois foram vistos comprando móveis para a casa nova. Porém, Keira provocava especulações ao dizer: "Não sei se estou ficando apaixonada", antes de falar dos encantos de George Clooney. Em seguida, elogiou o colega em *Rei Arthur*, Clive Owen, dizendo que ele "beijava muito bem! Foi ótimo! Fizemos algumas tomadas e ele é muito bom" numa entrevista ao *Daily Record*. Obviamente, ela fazia isso apenas para tentar evitar as imensas especulações a respeito do casal, mas isto só fez aumentar a curiosidade sobre o relacionamento. Sobre Jamie, ela disse: "Ele é ótimo, muito carinhoso e sexy. Nós nos divertimos tanto juntos, mas não quero falar sobre ele. Vamos dizer apenas que estamos muito felizes." O fato de ela comentar ou não comentar o relacionamento nem fazia diferença, pois todo mundo comentava.

Não demorou para as inevitáveis especulações sobre casamento começarem. O *Daily Mirror* publicou uma matéria dizendo que eles foram vistos procurando alianças: "Os dois foram flagrados andando pela Bond Street outro dia, olhando vitrines em busca de alianças de diamante", contou uma fonte. "Keira parecia estar de olho em algo bem especial e disse aos amigos que adoraria se casar logo. Eles também visitaram um joalheiro na Harrods, mas a loja fez um acordo de confidencialidade e não revelou nada. Parecia que eles estavam preparando o noivado ou talvez até já estivessem noivos em segredo." No entanto, a mesma reportagem falava que o relacionamento vivia um período difícil. Era impossível prever o que iria acontecer.

O TÓRAX DOURADO

Às vezes, as questões envolvendo o casal beiravam o absurdo. Quando os dois foram a uma festa para o filme *Rei Arthur* no Guildhall, em Londres, Keira usou joias no valor de 250 mil libras, emprestadas pela Asprey para a ocasião. Mas a festa estava tão cheia que os seguranças não conseguiam ficar perto o bastante para garantir que ninguém tentasse roubá-las. Consequentemente, eles procuraram a atriz à meia-noite e levaram as joias, gerando inevitáveis comparações com Cinderela. "Fiquei bem assustada. Os seguranças entraram correndo à meia-noite, levando o colar e o bracelete que eu estava usando", disse ela ao *Daily Express*. "Eu me senti a própria Cinderela, virando abóbora na última batida do relógio. Mas foi um alívio devolver as peças. Era assustador ter esse monte de gente ao meu redor enquanto eu usava aquelas joias tão valiosas. Fiquei realmente com medo de que alguém arrancasse o colar do meu pescoço." Jamie, obviamente, estava lá e testemunhou toda essa loucura.

O estardalhaço em torno da atriz era tão grande que era fácil esquecer que Keira tinha apenas 19 anos e estava longe de ser uma diva hollywoodiana experiente. A fama veio de modo tão súbito e rápido que ela foi obrigada a aprender a lidar com tudo aquilo (especialmente o aumento de assédio por parte do público) enquanto mantinha um namoro. Não era fácil equilibrar as coisas, ainda mais para alguém tão jovem. "Não parei de trabalhar, então ainda não tive tempo de avaliar a situação", disse ela ao *Daily Telegraph*. "Obviamente há diferenças: está ficando um pouco difícil pegar ônibus, mas vou resolver isso. Também é estranho quando as pessoas te reconhecem na rua e sabem quem você é, mas você não sabe quem elas são. É meio esquisito, mas não tenho do que reclamar." Na verdade, ela não iria pegar muitos ônibus no futuro e estava tentando manter os pés no chão, mas não havia dúvida de que a vida dela havia mudado drasticamente.

E era inevitável que isso também afetasse Jamie. Ele estava indo muito bem na carreira (incrivelmente bem, na verdade), mas com duas pessoas absurdamente glamourosas num relacionamento ficava impossível evitar o assédio. Como Victoria e David Beckham ilustraram, um casal pode ser muito mais do que a soma de suas partes, e enquanto uma celebridade de primeira linha sempre causará interesse, duas celebridades de primeira linha namorando é muito, mas muito melhor. Jamie ainda não estava no auge, mas Keira sim, e era claro que ele não demoraria a alcançá-la.

Eles eram cada vez mais considerados os próximos queridinhos, o que só aumentava a pressão sobre o rela-

O TÓRAX DOURADO

cionamento. "Para ser alvo das revistas de celebridades, você precisa ter o namorado e o interesse amoroso", disse Kirsty Mouatt, editora da revista *New!* "Imagino que o namorado vai ganhar mais ao ser associado a ela, e os dois vão acabar virando o próximo supercasal." E lá estava a sugestão de que Jamie se beneficiaria profissionalmente pelo fato de namorar Keira. Isso deve ter deixado o rapaz irritado.

Comentários como esse destacavam outra questão a ser resolvida: Jamie e Keira não tinham o mesmo status naquela época. Ele podia ser um modelo muito bem-sucedido, mas não era exatamente famoso, enquanto Keira era conhecida em todo o planeta. Isso significava que, mesmo Jamie sendo o modelo mais bem pago do mundo, não se igualava a ela em termos de poder, algo que começou a pesar. Para complicar, os jornais diziam que Keira havia apresentado seu agente ao namorado e esperava encontrar um papel para ele no cinema, algo que teria feito Jamie se sentir ainda pior. Já era ruim ele não ser um astro tão famoso quanto ela, agora sugerir que o eventual sucesso dele seria por influência de Keira? Nem o homem de maior equilíbrio emocional acharia fácil ficar à sombra de uma mulher, e Jamie estava fazendo isso em vários aspectos, pois não era nem tão famoso nem tão bem pago quanto ela. Mas, pelo menos por enquanto, ele estava lidando bem com a situação.

À medida que a fama aumentava, Keira às vezes ficava reticente, como chegou a dizer a um repórter que perguntou sobre o relacionamento: "Não vou falar nada. Não vou citar ninguém até eu me casar. Sou jovem demais para pensar em ter um relacionamento sério. Imagino que isso seria bem difícil com o meu trabalho." Isso não era exatamente verdade, considerando que ela já tinha mencionado Jamie na imprensa e, no mesmo dia, foi citada em outro lugar se dizendo louca por ele. Ninguém gosta de estar em segundo plano e nada disso ajudava a situação a longo prazo. Restava a Jamie seguir a vida e aguentar, mas quanto mais a namorada caía no redemoinho do assédio da imprensa, mais difícil seria para ele.

As histórias continuavam a surgir sobre os dois. Disseram que Keira se apaixonou pela Irlanda quando filmou *Rei Arthur* e estava procurando uma casa em Dublin, o que seria útil para a família de Jamie no norte. Também saíram notícias de que ela teria visitado os Dornans no Natal de 2004, em Belfast. No início do ano seguinte, Keira foi ao Caribe trabalhar na série *Piratas do Caribe*. Jamie a visitou lá e eles foram vistos aos beijos em diversas locações exóticas. O relacionamento ainda parecia forte.

O TÓRAX DOURADO

Contudo, o fato de estarem sob o olhar do público começava a cobrar seu preço. Numa entrevista ao *Sunday Times*, Keira se recusou a mencionar Jamie: "Fico totalmente feliz de falar sobre a minha família, desde que sejam a minha mãe e o meu pai. Seria bobagem começar a falar de relacionamentos nesta idade", disse ela. "Então até eu ter um marido e alguns filhos, vou ficar de boca calada quanto aos eventuais planos de casamento." Como sempre, a entrevista era com ela, e não com o namorado. Será que Jamie também estava mantendo o silêncio em relação à amante famosa? Não se sabia, pois ninguém perguntava. E assim começavam a surgir tensões nos bastidores.

Um amigo deu uma ideia da pressão enfrentada pelos dois: "Keira é uma pessoa muito reservada e decidiu não falar mais sobre o seu relacionamento com Jamie em entrevistas", disse ele ao *Mirror*. "Eles apareceram muito nos jornais ultimamente e decidiram que esta medida drástica era necessária. A melhor forma de impedir as especulações sobre o casamento é fazer Keira parar de responder às perguntas sobre Jamie nas entrevistas."

No meio de 2005, Jamie voltou a ser o centro das atenções quando foi divulgada a participação dele no filme *Maria Antonieta*, e que a banda Sons of Jim tinha assinado contrato com a Sony. "É um papel considerável", disse um porta-voz do agente de Jamie ao *Daily Express*. "Certamente não é do tipo 'piscou, perdeu'. As filmagens terminaram agora em Versalhes, e ele adorou participar desse filme. Jamie é ator, embora também seja músico. O principal foco dele é a música." Então disseram ao porta-voz que Jamie era mais conhecido por ser namorado de Keira. "Bom, eu diria que há controvérsias em relação a isso."

É claro que Jamie estava satisfeito por finalmente estar sob os holofotes, mas será que tudo estava bem no relacionamento? "A esta altura, no ano que vem, posso ser tão badalado quanto Keira é agora", teria dito ele a portas fechadas. "É melhor estar numa parceria entre iguais." Esse era um grande sinal de que havia algo errado. O status desigual parecia ser um grande problema para Jamie, e os rumores de que ele tinha adorado flertar com a colega de cena Kirsten Dunst definitivamente não ajudavam. Esses rumores devem ter sido tão complicados para Keira quanto os rumores de envolvimento entre ela e colegas de cena foram para Jamie. Keira estava acostumada a ser a estrela da relação e não deve ter sido fácil ver o namorado entrando no seu terreno, não importa o quanto ela desejasse o sucesso dele. Algo precisava mudar. E mudou.

4 HISTÓRIAS EM CELULOIDE

O inevitável acabou acontecendo e, em agosto de 2005, o casal se separou. Foi uma época muito traumática para ambos: eles ficaram juntos por dois anos e, apesar de serem jovens, tinha sido um relacionamento sério. Mas, no fim das contas, a pressão ficou insuportável. Não só estavam sob constante escrutínio, como também tinham profissões que poderiam levá-los a ter de viajar para o outro lado do mundo em cima da hora — e agora parecia haver um elemento de competição entre eles. O namoro não resistiu.

"Keira está arrasada. Ela realmente pensou que o relacionamento com Jamie era amor, mas, pelo jeito, não era para eles ficarem juntos", disse um amigo ao jornal *The Mirror*. "Os dois queriam que desse certo, mas a situação estava insustentável. Eles discutiam a relação quase todos os dias e decidiram finalmente terminar. Quando Jamie anunciou a vontade de expandir o repertório e tentar atuar, além de ser modelo, Keira deu todo o apoio. Ela arranjou uma entrevista com os próprios agentes e ficou verdadeiramente feliz quando ele assinou contrato. Embora a ideia de os dois terem a mesma profissão fosse romântica, a realidade é que eles se viam cada vez menos. Keira é uma das atrizes mais requisitadas de Hollywood, com uma agenda extenuante. Quando volta das filmagens, ela evita as festas da indústria do entretenimento e prefere ter uma vida tranquila com as pessoas que ama. E como Jamie tentava alcançar o sucesso, não estava mais tão presente assim, especialmente porque também procurava um contrato com uma gravadora. Tudo isso é muito difícil para um casal jovem suportar." Mas Keira parecia lidar muito bem com a separação. "Ela já está saindo com as amigas para beber e, embora ainda esteja chateada, isso lhe fez muitíssimo bem."

Um assessor de imprensa de Jamie confirmou a separação: "Keira e Jamie decidiram terminar o namoro, mas continuam totalmente comprometidos um com o outro como amigos e vão continuar a se ver assim."

Jamie deu entrevistas bem sinceras na época, embora mais tarde fosse se arrepender de ter levado os

HISTÓRIAS EM CELULOIDE

problemas do casal a público. O grande obstáculo foi realmente o fato de Jamie se sentir inferior no relacionamento. Muitos homens teriam sentido o mesmo, e ele não podia continuar fingindo que tudo estava às mil maravilhas.

"Há uma grande pressão quando você sai com alguém como Keira", disse ele ao *Mail on Sunday* vários meses depois que a poeira baixou. "Você pode achar que está em segundo plano — e foi o que começou a acontecer. Eu não estava botando comida na mesa, e isso afetou tudo. O homem foi feito para ser o alfa na relação, em termos de dinheiro e poder, e eu claramente não era. Você sente que precisa ser dominante em outras áreas, e isso cria problemas. Keira podia ver o que eu estava passando e seria melhor se eu tivesse escondido isso dela. É um processo lento tentar ser esse macho alfa."

"Quem finalmente disse 'Tá, é isso, já chega' foi Keira. Mas eu acho que foi a junção de vários fatores. Para ser sincero, não sei se notei a imensa ascensão dela — nem sei se ela notou. Keira é a pessoa mais pé no chão que já conheci. Estou bem, embora me sinta meio magoado às vezes. Mas poderia ser pior, não é?" Nos anos seguintes, quando a carreira decolou e Jamie virou um nome conhecido, ele lamentou ter dito essas palavras, talvez por receio de parecer ressentido ou indelicado com a ex-namorada. Mas ele estava se sentindo assim na época e precisava desabafar.

Já Keira foi um pouco mais tranquila (como sempre, aliás) durante e depois do relacionamento. "Todos nós precisamos de romance na vida, mas a questão do casamento e de viver felizes para sempre não é algo em que eu esteja pensando agora, e certamente não vai ser por um tempo", disse ela ao jornal *The Mirror*. "Mas quem sabe? É um belo sonho." Porém, ela não evitou falar sobre o que procurava num homem: "Eu escolheria um cara meio taciturno com quem seja possível ter uma boa conversa, uma boa discussão, que sempre surpreenda e me faça rir. E ele precisa ter bons sapatos." Embora os dois tenham sido vistos juntos pouco tempo após a separação, a linguagem corporal revelava que tudo tinha mesmo acabado. Boatos diziam que o casal brigava todo dia. A relação tinha realmente se desgastado.

Keira deu mais alguns detalhes à revista *Now!*, explicando os motivos da separação. "As coisas mudam lentamente e não é apenas uma questão de partir para outra", disse ela. "Um relacionamento, como toda mulher sabe, é complicado. Não é tudo preto e branco, são vários tons de cinza. Não tem como explicar o que aconteceu em poucas palavras. Não há como explicar um relacionamento. Para quem estiver lendo isso, eu diria:

HISTÓRIAS EM CELULOIDE

'Experimente.' Você vai lidar com uma série de questões muito complexas. Só posso dizer que estou extremamente feliz por ter conseguido manter a amizade com todas as pessoas com quem tive um relacionamento. É algo que você lê e não acredita, mas no meu caso é verdade. Tenho a sorte de ter um ótimo grupo de amigos e poder conversar com eles."

Como dizem, era hora de todos seguirem em frente, embora o ex-casal não tenha feito isso, pelo menos não de cara. Eles podem ter decidido se separar, mas ainda estavam claramente determinados a manter algum tipo de amizade. Assim, eles continuavam sendo vistos juntos. Keira marcou presença num show do Sons of Jim, e Jamie ajudou na mudança dela. Eles conseguiram manter contato e, até hoje, jamais falaram algo negativo sobre o outro.

E como se tratava do primeiro relacionamento sério de Jamie, a separação não foi fácil. Quando perguntaram a ele se lidar com a morte da mãe tinha dado força para enfrentar a separação, a resposta foi não, o que não chega a surpreender. "Perder Keira é um tipo diferente de luto", explicou. "A força que obtive ao perder minha mãe não está me ajudando a enfrentar isso. Quando você sente que perdeu alguém é muito difícil."

Ele foi extremamente sincero ao dizer o quanto estava arrasado com o fim do namoro e isso ficou evidente numa canção que compôs na época, "Only On The Outside", cuja letra dizia: "I can see your fancy friends trying to steal your innocence... You're so weak around them." ("Vejo seus amigos chiques tentando roubar sua inocência... Você é tão fraca perto deles.") Mesmo vários anos depois, a música ainda parecia afetá-lo: "Dói muito quando canto essa música", disse ele à *OK! Australia*. "Estávamos muito apaixonados."

Na esteira da separação, o assédio se voltou para Keira, exatamente como acontecia quando eles eram um casal. Ela estava estrelando um novo filme, *Orgulho e preconceito*, no qual interpretava Lizzie Bennet e cuja estreia londrina teve a presença de Jamie. Apesar do ressentimento e da angústia, havia uma sensação de liberdade. Ele agora tinha certeza de que queria ser ator e, num processo lento e gradual, acabaria conseguindo. Além disso, Jamie continuava a cantar na banda Sons of Jim, que lançava uma música nova, "Fairytale". A letra falava de "angel eyes" ("olhos de anjo") e "leaves me when it's just right" ("me abandonam quando chega a hora certa".) "Maybe happiness is just another fairytale" ("Talvez a felicidade seja apenas outro conto de fadas"), a letra continuava. Nem é preciso se esforçar muito para adivinhar quem inspirou essas palavras.

HISTÓRIAS EM CELULOIDE

"Para dizer a verdade, Keira era apenas a namorada de alguém para nós, não era uma grande estrela", disse o parceiro de Jamie da Sons of Jim, David Alexander, ao *Daily Star*. "Ela ainda tem bastante contato com Jamie, e os dois continuam sendo bons amigos. Provavelmente porque somos uma dupla, fomos comparados a Simon & Garfunkel, o que é um belo elogio." Este pode ter sido um comentário meio deslocado, mas a Sons of Jim estava batalhando pelo sucesso na indústria musical e passando muito tempo no estúdio, o que, no mínimo, mantinha a mente de Jamie longe dos recentes infortúnios.

Além da música, a carreira de modelo ia de vento em popa. O Tórax Dourado estava em todas: em 2006, assinou contrato com a agência Creative Artists, de Los Angeles, e viajou o mundo fazendo mais ensaios fotográficos. Mesmo assim, continuava modesto: "Eu me pergunto por que tudo isso aconteceu comigo", disse ao *New York Times*. "Não me considero particularmente bonito." Mas o resto do mundo achava. "Num período de vinte anos, vi uns quatro ou cinco modelos com as mesmas características de Jamie Dornan", contou Jim Moore, diretor criativo da revista *GQ*, na mesma reportagem. "Ele é a versão masculina de Kate Moss: suas proporções são meio incomuns, tem um físico frágil, e é meio baixo para modelos do sexo masculino. Mas o tórax esguio faz com que pareça mais alto, e ele traz uma tranquilidade ao trabalho de modelo. Jamie sabe por que está lá, mas, ao contrário de muitas pessoas, não está tentando ser um modelo. Ele não está modelando."

David Farber, diretor de estilo da *Men's Vogue*, concorda. Jamie tinha posado com Kate para a campanha do jeans Calvin Klein em que ambos apareciam com o peito nu, e Farber destacou que "foi uma escalação eficaz. Chamou a atenção das pessoas. Ele claramente não era um modelo comum". Era "real", explicou. "Obviamente não era um desses modelos magrelos e lindos que se encontram nas ruas."

Jamie continuava a se mostrar perplexo com tudo isso. "Por que eu sou o rosto da Dior Homme?", perguntou. "Na Dior, eles eliminaram os candidatos até restarem dois. Eu não estava realmente focado naquilo na época, sabe? Não sei mesmo por que Hedi [Slimane, estilista da Dior] me escolheu. Não sou o cara mais bonito do mundo. O motivo de tudo ter dado tão certo é que não levo isso muito a sério." O que ele fazia muito bem. Ao contrário de algumas supermodelos, Jamie não era nem um pouco difícil de trabalhar e sempre se mostrava incrivelmente profissional. Não tinha arrogância alguma.

Enquanto isso, Jamie acumulava riquezas. Àquela altura, ele já tinha conseguido comprar uma casa e um

HISTÓRIAS EM CELULOIDE

apartamento em Londres, o que não é pouco para quem estava na casa dos 20 anos. E não era mais apenas o tórax dele que era tão admirado: as pessoas já falavam do "Biquinho Dornan", referindo-se ao carão que fazia ao posar (e, sempre bem-humorado, Jamie estava sempre disposto a mostrar aos entrevistadores, se eles pedissem com jeitinho).

O relacionamento com Keira tinha acabado, mas os anos que passaram juntos não só fizeram Jamie ter uma eterna desconfiança dos paparazzi como lhe deram uma visão privilegiada da vida de uma atriz de sucesso e estrela de cinema. Jamie desejava isso há anos, e o fato de estar tão perto e, ao mesmo tempo, tão longe, só aumentava a frustração por não ser capaz de conseguir o que queria. Além disso, havia o preconceito com modelos que desejavam atuar — esse era um problema no Reino Unido, embora o preconceito não fosse tão comum nos Estados Unidos, onde aceitavam que as pessoas fizessem de tudo para ganhar a vida e ser reconhecidas e os modelos não eram vistos como idiotas incapazes de fazer outra coisa. Modelos tinham tanta probabilidade de serem talentosos em outras áreas quanto qualquer pessoa — só que no caso deles, tinham a sorte de também serem bonitos.

À medida que a carreira de modelo progredia, Jamie já tinha ido a dezenas, se não centenas, de testes nos bastidores, sem muito sucesso. Considerando a diferença nos dois lados do Atlântico em relação a modelos que desejavam se tornar atores, não surpreende que a primeira oportunidade de Jamie tenha sido nos Estados Unidos onde, em 2006, conseguiu o primeiro papel num filme: o já citado *Maria Antonieta*, dirigido por Sofia Coppola. "Eu estava fazendo testes há anos", contou Jamie à revista *Interview*. "Jamais consegui ser bom nisso. Sou péssimo em testes. Sei que tem gente que consegue chegar lá, dizer as falas como se fosse música e conseguir o papel na hora. Eu não era assim. E continuo não sendo. Mesmo depois de conseguir o primeiro trabalho como ator, graças à Sofia, ainda passei um tempo parado. Se você já se perguntou por que atores pegam trabalhos horríveis, é porque precisam pagar as contas ou simplesmente porque queriam trabalhar."

Mesmo assim, já era um começo. Sofia, que ficou famosa com o filme *Encontros e desencontros*, ia dirigir um filme baseado na vida da malfadada rainha francesa, embora possamos dizer que a trama tomou imensas liberdades em relação aos fatos históricos. Maria Antônia Josefa Joana de Habsburgo-Lorena, interpretada por Kirsten Dunst, é a bela e ingênua princesa da Áustria e caçula da imperatriz Maria Teresa (Marianne Faithfull). Em 1768, ela foi escolhida pela mãe para se casar com o

HISTÓRIAS EM CELULOIDE

príncipe herdeiro da França, o futuro Luís XVI (Jason Schwartzman), a fim de selar uma aliança entre os dois países. Obediente, Maria Antonieta vai à França, onde conhece o rei Luís XV (Rip Torn) e o futuro marido. Os dois chegam ao Palácio de Versalhes, construído pelo avô do rei, casam-se e são estimulados a produzir um herdeiro para o trono o mais rapidamente possível. Infelizmente, não têm sucesso.

Maria Antonieta não está feliz em Versalhes, especialmente por ser uma estrangeira que não conseguiu gerar uma criança. Ela se vê obrigada a lidar com as fofocas e as recusas por vezes grosseiras aos pedidos de encontro com a condessa Du Barry (Asia Argento), amante de Luís XV. Além disso, as tentativas de Maria de fazer sexo com o marido fracassam, e o casamento não gera prole. Ela passa a maior parte do tempo comprando sapatos, vestidos, joias, doces luxuosos e apostando. Quando o rei contrai varíola, ele ordena que Du Barry saia de Versalhes. Em seguida, ele morre e Maria Antonieta vira rainha.

O irmão dela, José II, Sacro Imperador Romano-Germânico (Danny Huston), aparece para uma visita e aconselha a rainha a não fazer mais suas constantes festas e reuniões, o que ela ignora solenemente. Depois, José encontra Luís XVI e explica a "mecânica" da relação sexual em termos de "chave e fechadura", já que um dos hobbies favoritos do rei é a serralheria. Naquela noite, o rei e Maria Antonieta fazem sexo pela primeira vez e, em 18 de dezembro de 1778, Maria Antonieta dá à luz uma filha, a princesa Maria Teresa Carlota de França. Enquanto a princesinha cresce, Maria Antonieta passa boa parte do tempo no Petit Trianon, um pequeno castelo nos jardins do Palácio de Versalhes.

Ela também começa a ter um caso com um elegante sueco chamado Axel von Fersen (Jamie, sem barba e um completo desconhecido naquela época). À medida que a crise financeira da França piora, a falta de alimentos e as revoltas viram rotina, e a imagem de Maria Antonieta com os súditos se deteriora completamente. Seu estilo de vida exuberante e aparente indiferença aos problemas das massas lhe renderam o título de Madame Déficit.

De mãos atadas, a rainha muda de comportamento. A mãe dela morre em 29 de novembro de 1780 e, quase um ano depois, Maria Antonieta dá à luz Luís José, Delfim da França, em 22 de outubro de 1781. A seguir veio Luís XVII, em 27 de março de 1785, e depois outra filha, a princesa Maria Sofia, em 9 de julho de 1786, que infelizmente morreu no dia 19 de junho de 1787, a apenas algumas semanas do seu primeiro aniversário. Com a

HISTÓRIAS EM CELULOIDE

Revolução Francesa rapidamente ganhando força, a família real comete o erro de permanecer na França. Revoltados, os parisienses obrigaram os nobres a fugir de Versalhes para Paris. O filme termina com a transferência da família real para o Palácio das Tulherias, e a última cena mostra o quarto de Maria Antonieta sendo destruído pelos revoltosos.

A produção se baseava numa biografia de Maria Antonieta escrita por Antonia Fraser, um retrato bem mais simpático que a tradicional imagem do "que comam brioches". Ela foi gravada em locações reais em Versalhes e não recebeu críticas muito favoráveis, embora tenha virado uma espécie de sucesso cult.

"Tudo o que fizemos se baseou em pesquisas sobre a época, mas visto de forma contemporânea", disse Sofia ao Cinemareview.com. "Meu maior medo era fazer algo no estilo clássico. Eu não queria um filme de época histórico e seco, com aquelas imagens distantes e frias. Era muito importante contar a história do meu jeito. Do mesmo modo que eu gostaria que *Encontros e desencontros* desse a sensação que a plateia tenha passado algumas horas em Tóquio, eu gostaria que esse filme fizesse o espectador sentir como era a situação em Versalhes na época e se perder naquele mundo."

O filme criou um universo luxuoso que, segundo Sofia, era repleto de "flores lindas, bolos enormes, seda e borlas", e a própria Antonia Fraser gostou muito. "Adorei o visual do filme", elogiou ao Cinemareview.com. "Achei mágico e lindo. É uma coisa que o cinema pode fazer e que eu jamais conseguiria. Posso escrever páginas e mais páginas sobre a beleza de Versalhes e a graça de Maria Antonieta, mas tudo ganha muito mais força na tela."

Alguns críticos não sabiam muito bem o que pensar. Leah Rozen escreveu para a revista *People* sobre a recepção em Cannes: "A ausência de contexto político, porém, aborreceu a maioria dos críticos de *Maria Antonieta*, o leve filme que Sofia Coppola fez após *Encontros e desencontros*. Esta cinebiografia histórica parece um videoclipe pop, com Kirsten Dunst no papel da malfadada rainha francesa do século XVIII agindo como uma adolescente volúvel cujo objetivo é liderar o grupinho das garotas populares."

Já Roger Ebert foi mais gentil no *Chicago Sun-Times*, dando a nota máxima de quatro estrelas. Segundo ele, "todas as críticas que li deste filme alteraram sua magia frágil e reduziram a pungência romântica e trágica ao nível de um filme educativo. Este é o terceiro trabalho de Sofia Coppola como diretora, centrado na solidão de

HISTÓRIAS EM CELULOIDE

ser mulher e estar cercada por um mundo que sabe usá-la, mas não a valoriza e nem a entende".

Na França, as críticas também foram variadas. Danielle Attali elogiou no *Journal du Dimanche*, considerando o filme "uma verdadeira maravilha, com suas cores, sensações, emoções e inteligência impressionantes". François Vey, do jornal *Le Parisien*, o considerou "divertido, alegre e insolente [...] Numa palavra, iconoclástico". E esta foi basicamente a visão que prevaleceu ao longo do tempo. Philippe Paumier disse na *Rolling Stone* francesa: "Transformado num santuário para os sentidos, o microcosmo de poder vira um drama comovente sobre as primeiras emoções de Maria Antonieta, o mais delicado dos olhares sobre a adolescência."

Jean-Luc Douin, do jornal *Le Monde*, não ficou tão entusiasmado, chamando o filme de "kitsch e roc(k)-ocó", dizendo que "exibe deliberadamente seus anacronismos" e era um "filme sensorial [...] sonhado por uma Miss Califórnia" e "orquestrado em torno do jardim de fofocas de Du Barry ou da Madame de Polignac". Não surpreende que alguns críticos franceses se ressintam dessa visão norte-americana da história local. Para Alex Masson, do *Score*, o filme tinha um roteiro "que geralmente é esquecido e corrompido até virar uma edição especial da *Vogue* dedicada aos acontecimentos em Versalhes".

Estudiosos franceses também não gostaram do desapego de Sofia em relação aos fatos históricos. No jornal *Le Figaro*, o historiador Jean Tulard classificou o filme de "Versalhes ao molho Hollywood": ele "deslumbra" com uma "distribuição de perucas, leques e doces, uma sinfonia de cores" que "[mascara] erros grosseiros e anacronismos voluntários". Na revista *L'Internaute*, Évelyne Lever, que fazia estudos sobre a rainha, criticou: "Na verdade, ela não passava o tempo todo comendo doces e bebendo champanhe [...] No filme, Maria Antonieta é a mesma dos 15 aos 33 anos [...]" Segundo ela, "filmes históricos melhores, como *Barry Lyndon* e *As loucuras do rei George*, tiveram sucesso porque os diretores mergulharam na cultura da época retratada". Em outras palavras, não mexa com uma cultura que você não entende.

Posteriormente, o filme acabou ganhando uma reputação muito mais positiva do que na época do lançamento (estava claro que Sofia não tentava retratar a realidade histórica exata, apenas a usava como inspiração), e o papel de Jamie, na verdade, era pouco maior que uma participação especial, mas já era um começo. Houve perplexidade em alguns setores pelo fato de o

HISTÓRIAS EM CELULOIDE

Tórax Dourado ter conseguido esse papel, mas por que não? O próprio Jamie soube do trabalho pelo seu agente enquanto ensaiava com a Sons of Jim, pegou um avião até Paris e descobriu no dia seguinte que tinha conseguido. "Foi o último papel a ser escalado", disse ele ao *New York Times*. "Acho que havia uma pressão para um determinado tipo de ator, algum grande nome da lista dos promissores, mas não conseguiram achar ninguém." Acabaram encontrando Jamie, que finalmente alcançou o objetivo de aparecer no cinema.

"Foi incrível trabalhar com pessoas tão talentosas no meu primeiro filme", disse ele ao jornal *The Sun*. "Kirsten Dunst é uma atriz fantástica, perfeita para interpretar a rainha francesa Maria Antonieta. Nossas cenas de sexo foram divertidíssimas. Eu estava sem camisa, mas não tirei as calças! Kirsten precisou atuar na cama, de chinelos e segurando um leque, o que foi bizarro. Mas a diretora Sofia Coppola tinha tudo sob controle, e acho que ela fez um ótimo trabalho." Ele chegou a conhecer o pai de Sofia, Francis Ford Coppola. "Estava vendo as cenas nos monitores e, ao meu lado, estava um dos melhores diretores no mundo. Precisei me beliscar."

Embora dizer que choveram papéis na esteira do lançamento do filme seja forçar um pouco a barra, Jamie apareceu o bastante para mostrar que podia atuar.

Dali a alguns anos, ele alegaria ter sofrido preconceito devido à aparência, mas por enquanto tinha mostrado que não só ficava bem na tela, como também era talentoso. Curiosamente, a aparição de Jamie como modelo estava muito associada ao visual com barba, mas sua estreia no cinema foi de cara limpa. Parecia que os produtores e diretores não concordaram com a visão de Jamie sobre si mesmo, isto é, de que ele parecia melhor com o rosto enquadrado pela barba.

Agora havia uma esperança real no ar, mesmo que ainda fosse levar algum tempo para a carreira no cinema decolar. Jamie ainda tinha os trabalhos como modelo, com os quais contava para ganhar dinheiro, mas seu nome começava a surgir em projetos de atuação. E ele também estava causando uma boa impressão. Jamie não se levava a sério demais e tinha aquela veia autodepreciativa, levando algumas pessoas a caírem sob os seus encantos (outra qualidade herdada do pai). Depois de vários anos comendo pelas beiradas e vendo os altos e baixos da fama pelos olhos de outra pessoa, chegou a vez dele. Jamie provou que tinha as qualificações necessárias para o trabalho. E agora estava a caminho de se tornar um grande astro.

5 SUCESSO MOVIDO A POLÊMICA

O relacionamento com Keira realmente tinha chegado ao fim, e a carreira cinematográfica de Jamie foi lançada. Agora, ele estava numa situação bem diferente da que vivia há menos de um ano, e seu papel em *Maria Antonieta*, embora pequeno, seria a plataforma de lançamento para dar um impulso impressionante ao seu futuro como ator. Apesar disso, a carreira de modelo estava longe de terminar e, em 2006, atraía tanta atenção quanto tudo o que ele fazia.

Na primavera de 2006, foi anunciado que Jamie seria novamente modelo da Calvin Klein, repetindo o que fizera em 2004. No entanto, a campanha de 2004 foi particularmente marcada pela participação de Kate Moss. Contudo, não foi apenas a presença de duas pessoas lindas que gerou manchetes: o trabalho foi digno de nota porque, um ano antes, Kate tinha sido fotografada usando drogas, adquirindo o apelido de Kate Cocaína, com direito a previsões sombrias de que a carreira dela logo chegaria ao fim. Na verdade, aconteceu exatamente o oposto e, após um breve período numa clínica de reabilitação e consequente perda de alguns contratos, Kate se recuperou e voltou com tudo, vingando-se dos detratores.

O contrato com a Calvin Klein era particularmente importante para ela, pois a campanha de 1992 para a marca transformou Kate em um nome conhecido, quando ela apareceu numa série de fotos em preto e branco ao lado de Mark Wahlberg. Kate trabalhou com o estilista até 1999 e agora estava de volta com um contrato de (segundo os boatos) 500 mil libras e um jantar feito em sua homenagem. "Kate e a marca Calvin Klein têm uma longa história juntos e foi natural reuni-los nesta nova campanha de jeans, que inevitavelmente vai reacender aquela chama e destacar a essência sexy tanto de Kate quanto da Calvin Klein", explicou o diretor criativo da campanha, Fabien Baron. A campanha foi feita em Nova York. "Eu não a conhecia pessoalmente, mas ela é realmente encantadora, muito simpática e mais tímida do que eu esperava", disse Jamie ao jornal *The Mirror*.

SUCESSO MOVIDO A POLÊMICA

"Quando você trabalha com uma pessoa que está no auge da carreira, é sensacional."

Como sempre, todas as atenções se voltaram para a mulher a seu lado em vez do próprio Jamie, mas por que se importar com isso? Ele estava se tornando cada vez mais famoso e continuava se divertindo: foi visto bebendo com ninguém menos que Lindsay Lohan na boate Koi, em Hollywood. Esta acabou sendo uma bela jogada, pois nos meses após o término do namoro, Jamie e Keira foram fotografados juntos tantas vezes que acabaram surgindo boatos de reconciliação, e como consequência nenhum dos dois conseguiu engatar outros relacionamentos. Agora, o rapaz estava pelo menos sendo visto com outra mulher e, mesmo que não fosse nada sério, já era um começo. Na verdade, saíram notícias de que os dois estariam namorando, embora isso possa ter sido exagero. Mas, alguns anos depois, quando surgiu uma lista dos supostos casos amorosos de Lindsay, o nome de Jamie estava lá.

Ele, porém, rapidamente negou que houvesse algo a mais. "Não estou namorando Lindsay Lohan. Mas li isso e achei engraçado", disse ao jornal *The Mirror*. "Eu sei quem ela é. Vi *Meninas malvadas,* mas só isso. Continuo tão solteiro quanto antes. Não existe nenhuma Sra. Jamie. Nunca fui muito bom nisso de conhecer garotas, porque sou bem tímido quando se trata de mulheres. Nunca fui de usar a lábia pra conquistar. E acho bem difícil encontrar alguém especial em Londres: há uma vasta gama de mulheres atraentes na cidade, mas fico meio assustado. Londres é tão grande que fica difícil saber onde estão as garotas legais ou que tipo de pessoa elas são. Era muito mais fácil quando eu estava na escola e conhecia todo mundo com quem ficava. Estou solteiro há seis meses, o que é bastante tempo. Tempo demais, talvez. Mas isso não significa que eu não me diverti e sempre estou a fim de alguma garota." Realmente. Às mulheres da capital do Reino Unido só restava sonhar. Quanto à questão doméstica, ele agora dividia um apartamento com a irmã Jessica em Notting Hill.

Além dos trabalhos como modelo, Jamie continuava a tocar com a Sons of Jim. "Somos bons amigos desde os tempos de escola e não foi uma decisão consciente formar essa banda. A Sons of Jim se desenvolveu de modo orgânico", disse o amigo David ao mesmo jornal. "Lembro que Jamie e eu costumávamos cantar músicas de que gostávamos em festas. Tinha de tudo, de Beach Boys a Bob Dylan. E tivemos a sorte de ter um grupo de amigos que gostava de boa música. Eles nos estimularam e acabamos compondo as nossas canções." A dupla lançaria um novo single chamado "My Burning Sun" no dia

SUCESSO MOVIDO A POLÊMICA

29 de maio e esperava colocar o álbum no mercado em outubro.

"'My Burning Sun' foi escrita para nos animar porque estávamos meio de saco cheio do inverno e torcíamos pela chegada do verão", explicou Jamie. "Compomos tudo juntos e dividimos os vocais, então sou definitivamente a cara-metade de David no que diz respeito à Sons of Jim. Eu sempre cantei e desde os 16 anos escrevo algumas coisas. Não sabia se era poesia, letra de música ou qualquer coisa. Eu só escrevia e depois gradualmente comecei a cantar aquilo. Sabia que tinha algum tipo de voz artística e fiz teatro, que envolvia um pouco de canto, mas não me classificaria como cantor até Dave e eu começarmos a fazer umas coisas juntos [...] Adoraria que a banda estourasse. Quero que a Sons of Jim faça sucesso, e também quero ter uma bela carreira de modelo e ser bem-sucedido como ator. Não vejo por que não posso fazer as três coisas. Se você se esforçar para que tudo dê certo, não há como sair errado. Se estou fazendo um filme, não vou poder gravar no estúdio porque vou estar no set, mas para ser modelo não preciso ficar um mês inteiro fora, pois não demora tanto assim para fazer uma foto. Você só fica longe dois ou três dias e passa boa parte do tempo em Londres. Acho fácil equilibrar tudo e ainda fico um bom tempo sem fazer nada, o que é bom."

No fim das contas, ele conseguiria realizar alguns desses sonhos, embora a carreira musical jamais tenha chegado a decolar.

Nessa época, dizia-se que Keira estava namorando o colega de cena em *Orgulho e preconceito*, Rupert Friend, e em sua vida de solteiro "na pista para negócio", Jamie estava descobrindo que bastava falar com uma mulher para a imprensa considerar um namoro. Assim, o próximo nome a aparecer ligado a ele foi o de Lucia Giannecchini, da série *Footballers' Wives*. Kate Moss também foi considerada uma possível namorada, apenas com base no fato de eles ficarem lindos juntos, mas Jamie desmentiu tudo, alegando que a mesma indústria de boatos espalhou que ele namorava Natalia Vodianova quando trabalhou com ela no ano anterior. "Não sou legal o bastante para Kate", disse o rapaz ao jornal *The Mirror*. "Estive com ela várias vezes, e Kate é um amor, mas não sou 'astro do rock' o suficiente. Considerando o gosto de Kate para homens, eu não faço o tipo dela." Como as cenas de sexo com Kirsten foram bem ousadas, claro que o nome dela também estava na lista, assim como o de Sienna Miller, pelo único motivo de ela ser jovem e linda. Lily Aldridge também foi citada, embora amigos tenham negado a existência de algo sério entre eles.

SUCESSO MOVIDO A POLÊMICA

Jamie aceitou tudo numa boa. "Eu conheço as moças que disseram ser minhas namoradas, mas é só isso", disse ao jornal *The Sun*. "Se você for visto na rua com alguém, as pessoas automaticamente acham que vocês formam um casal. Claro que não é assim. Eu teria muita sorte se todas essas histórias fossem verdadeiras!" Mas se ele estivesse interessado em alguém... "Faço o melhor espaguete à bolonhesa do mundo", revelou. "Se estivesse tentando impressionar uma garota, provavelmente eu capricharia na tigela de espaguete e serviria com uma bela garrafa de vinho tinto. Mas, como eu disse, não tenho ninguém especial no momento." Ele estava dizendo a todo mundo que tinha esquecido Keira, mas era difícil não desconfiar que ainda sentia algo por ela.

Enquanto isso, Jamie também começou a negar que "Only On The Outside" foi composta pensando em Keira. Possivelmente ele se deu conta de que a letra não era muito simpática. "Considerando que Dave e eu compomos juntos, não tem como isso ser verdade", protestou em entrevista ao *Sunday Times*. Em outras reportagens, Jamie alegou dizer apenas que a música era difícil de cantar pois exigia um tom bem agudo.

O único problema nessa existência feliz e invejável era que, em Belfast, Jim tinha sido diagnosticado com leucemia. Como ele perdera a mãe muito jovem, a ansiedade era visível quanto ao futuro. "Ele está com leucemia há um tempo e, apesar de todo o tratamento, ainda não está em remissão", disse Jamie ao jornal *The Sun*. "Meu pai é um cara incrível. Minha mãe, Lorna, morreu de câncer no pâncreas quando eu tinha apenas 16 anos. Ela ficou doente por um ano e meio, mais ou menos. Depois, o meu pai me ajudou a lidar com a perda. Ele é a pessoa mais forte que já conheci. É ótimo que eu possa homenageá-lo com o nome da banda." Jim acabaria se recuperando totalmente, mas foi um momento preocupante para toda a família.

Enquanto isso, as aspirações românticas de Jamie continuavam gerando fascínio. As modelos Gemma Ward e Lily Donaldson foram consideradas pretendentes, além de várias irmãs Geldof (se Jamie realmente namorasse essa gente toda, não teria tempo para mais nada). Mischa Barton foi outra candidata, apenas porque eles foram vistos conversando numa boate. Ele também foi flagrado de papo com Lily Allen no V Festival, em Chelmsford, onde trocaram telefones, mas acabou sendo outro alarme falso. Como se não bastasse, Jamie foi considerado ícone gay, aparecendo na capa da revista norte-americana *Out*, voltada para o público homossexual.

Mas só havia um nome ao qual Jamie era constantemente associado e isso estava começando a incomodar. Afinal, eles se separaram. "Antes de eu começar a sair

SUCESSO MOVIDO A POLÊMICA

com Keira, as pessoas do mundo da moda já me conheciam, porque fiz bons trabalhos, mas está ficando difícil perder o estigma associado a tudo isso", disse ele ao *Sunday Mirror*. "Não consigo me livrar do título de ex-namorado de Keira Knightley. Fico muito frustrado porque Dave Alexander (colega no grupo Sons of Jim) e eu estamos compondo juntos há anos, muito antes de eu conhecer Keira, e nós estamos chegando lá e ficando conhecidos."

Nesse ínterim, os rumores sobre a vida amorosa de Keira não paravam. Havia especulações constantes de que ela teria se separado de Rupert e que Jamie ainda estaria de olho nela. Depois disseram que ele estava com Sharleen Spiteri, outro boato totalmente falso. Jamie também fez uma campanha para a Aquascutum com a modelo Gisele Bündchen, embora nesse caso o fato de não existir nada entre eles era tão óbvio que, pelo menos desta vez, não houve rumores. Mas era um casal que chamava atenção. Segundo a executiva-chefe da Aquascutum, Kim Winser: "A campanha mostra um fim de semana de momentos roubados, intrigas e encontros amorosos. Gisele e Jamie são o par perfeito para transmitir a nossa visão criativa da nova estação."

Jamie manteve o equilíbrio. "Supermodelo, eu? Que nada. As pessoas não estão tão interessadas assim em modelos do sexo masculino, não é?", teria observado ele. No entanto, supermodelo ou não, a mulher com quem ele estava trabalhando certamente fazia parte dessa categoria, e ele estava mais requisitado do que nunca, sendo considerado integrante da nova onda de modelos masculinos (outro exemplo era David Gandy) que exalavam personalidade além da beleza. E agora que não estava mais com Keira, a pressão tinha diminuído um pouco. Ele não era mais tão perseguido pelos paparazzi, mesmo que praticamente toda mulher com quem falava fosse considerada um interesse amoroso. Alexa Chung foi a próxima da lista, depois que eles foram vistos conversando no V Festival. Como sempre, não passava de boato.

Porém, a ligação com Keira continuou a aparecer até o outono de 2007, quando ela lançou o filme *Desejo e reparação* e, embora àquela altura a atriz estivesse num relacionamento sério e duradouro com Rupert Friend, o nome de Jamie ainda era citado em sua lista de pretendentes. Era frustrante, mas como o sucesso no cinema não veio após *Maria Antonieta*, ele continuou a progredir rapidamente na carreira de modelo.

Jamie já era conhecido o bastante para entrar no horário nobre da televisão, embora não no papel de ator que ele acabaria fazendo tão bem. Junto com as personalidades Gary Rhodes, Jenny Bristow, Rachel Allen e a

SUCESSO MOVIDO A POLÊMICA

ex-Miss Universo Rosanna Davison, Jamie foi escolhido para participar do programa *The Fabulous Food Adventure*, no qual várias celebridades viajavam pelas regiões produtoras de alimentos da Irlanda do Norte e traziam seus produtos para serem preparados por Anthony Worrall Thompson e transformados num prato que seria a marca registrada da região. Pode não ser um grande sucesso de Hollywood, mas já era uma experiência.

Na mesma época, surgiu outra boa notícia: Jamie iria protagonizar *Beyond The Rave*, filme de terror da produtora Hammer estrelando Sadie Frost, que interpretaria uma vampira. Quando saiu o anúncio, Jamie foi inevitavelmente descrito como ex-namorado de Keira Knightley, mas ele estava prestes a ficar famoso pelos próprios méritos.

Mesmo assim, os trabalhos como modelo continuaram, e Jamie foi citado pela modelo Daisy Lowe no diário que fez durante a Fashion Week londrina: os dois estavam na mesma mesa no Elle Style Awards, com Daisy dizendo que Jamie era "muito gato". Ele também foi considerado suficientemente famoso para ser incluído numa reportagem feita pelo jornal *The Observer* sobre os truques para comprar roupas *vintage*: "Quando vejo algo de que gosto num brechó, eu escondo", confidenciou. "Vi uma camiseta incrível dos Beach Boys por

JAMIE DORNAN – TONS DE DESEJO

12 libras na Beyond Retro em Londres e a escondi no meio dos casacos. Acabei voltando lá justamente na hora em que um desgraçado a estava levando [...] Comprei um terno marrom na Rusty Nail de Belfast só para contrariar os meus amigos que o acharam horrível. Acabei adorando [...] Roupas antigas são melhores quando foram um pouco usadas [...] Elas ficam mais [...] macias [...] Há desvantagens em usar roupas de brechó, claro. Já comprei umas camisas com um cheiro bem ruim nas axilas." São todos conselhos bem sensatos.

No fim das contas, foi até bom ele não ter abandonado a vida de modelo, pois quando *Beyond The Rave* terminou, no início de 2008, descobriu-se que a Hammer tinha criado um fracasso. Basta ler o roteiro para entender o motivo. Jamie interpretava o protagonista Ed, um soldado convocado para o Iraque cujo objetivo é encontrar a namorada Jen, interpretada por Nora-Jane Noone. Imagine o horror quando ele descobre que a menina se envolveu com um grupo de vampiros festeiros que pretendiam transformá-la num deles. A festa em questão ocorria, é claro, no meio de uma floresta densa e sombria. Jogada no meio dessa bobagem estava Ingrid Pitt, estrela de alguns lendários filmes da Hammer, e a já citada Sadie (como um "anjo caído"). Como essa era a primeira produção cinematográfica da Hammer desde o

SUCESSO MOVIDO A POLÊMICA

remake de *The Lady Vanishes*, feito em 1979 (antes mesmo de Jamie nascer!), não podia mesmo ser considerado o melhor trabalho dos envolvidos.

Inicialmente Jamie estava bastante empolgado. Será que isso finalmente lhe traria a fama? "Eu tinha acabado de sair de um belo drama familiar de época e foi meio por isso que desejei fazer algo como *Beyond the Rave*. Também fiquei intrigado com esse negócio de webisódios", disse ele ao *Daily Telegraph*. "As filmagens pareceram muito mais rápidas do que tudo que já fiz. Havia uma grande agitação no set porque tudo era muito acelerado. Mas se você precisa causar uma boa impressão num episódio de cinco minutos, precisa estar afiado de verdade. Era um território novo para todos." E quanto ao sangue? "Bom, fica difícil levar a sério quando você está sendo atacado por um vampiro louco empunhando duas espadas de samurai." Aí é que estava o problema. Se os atores não conseguiam levar o filme a sério, era muito provável que mais ninguém o fizesse.

Nos anos seguintes, quando teria um conjunto de trabalhos do qual poderia realmente se orgulhar, Jamie foi perguntado como ele se envolveu naquele filme. "Conheci o produtor no casamento da minha irmã e simpatizei muito com ele", contou à revista *Interview*. "Gostei do que ele estava tentando fazer com o projeto e, depois de vários drinques, aceitei participar do filme. Então eu me envolvi, e a filmagem foi uma loucura. Era tudo feito à noite. Eu dormia o dia inteiro e não tinha vida: só acordava, ia trabalhar às seis da tarde e voltava para casa às seis da manhã, tudo muito estranho. Não me lembro de muita coisa daquela época [risos], mas fiz bons amigos. Ficamos unidos pela falta de sono."

O diretor era Matthias Hoene. "Cresci vendo filmes da Hammer", disse ele ao *Daily Telegraph*. "Essa mistura de horror e sensualidade era sempre empolgante [...] Por um lado, há os antigos fãs que sempre verão defeitos nas produções novas. Mas nós realmente queríamos renovar o estilo e conquistar uma audiência jovem, então nos preparamos para contar uma história empolgante, sexy e um pouco chocante." E profundamente boba.

Outra inovação era que todo o resultado ia direto para a internet, mais precisamente para o MySpace, onde foi transmitido em cinco "webisódios" de vinte minutos. Isso gerava demandas específicas. "Normalmente, num longa-metragem, você passa os primeiros dez ou 15 minutos definindo os personagens e o pano de fundo", continuou Hoene. "Mas nesse projeto precisávamos que a cada cinco minutos houvesse desenvolvimento de personagem, suspense e diversão, todo o pacote que se espera de um filme completo. E obviamente nem todo episódio poderia terminar com um gancho, pois seria forçado demais [...] Se você quiser assistir a algo rápido durante uma pausa no trabalho ou enquanto está no ônibus, se só quer alguns minutos de diversão, é perfeito. Esta é apenas outra forma de contar histórias. Dickens escrevia histórias serializadas — elas eram ruins por serem curtas? Pode ser um ótimo formato. O que adoro no terror é que você pode pegar certos assuntos sérios (políticos, sociais) e falar deles de um modo divertido que seria impossível em outro tipo de história. Você pode passar mensagens num filme de terror que não conseguiria de outra forma. Se fizer um filme comum sobre experimentos genéticos, por exemplo, ninguém vai assistir. Mas se fizer um filme de terror com o mesmo tema, muita gente talvez veja. Faça isso com inteligência e a sua mensagem vai ser passada."

Infelizmente, apesar de todas essas ideias, o filme não foi exatamente a inovação que todos esperavam. Trechos vazaram na internet e os espectadores não foram gentis. "Dei uma olhada nisso e achei tosco, tosco, tosco. Uma tentativa barata de ganhar dinheiro usando o nome da Hammer", escreveu um deles. "Realmente horrível", escreveu outro. "Uma merda completa." O diretor Matthias Hoene defendeu bravamente a obra: "É um produto novo, que usa elenco e equipe jovens e traz novos talentos", reclamou ele ao *Sunday Mirror*. Ninguém se convenceu. Jamie fez questão de garantir aos leitores do mesmo jornal que o filme não era sangrento demais: "Só existe uma forma de decapitar alguém", confessou. "Mas não acho que seja exagerado. Há partes sangrentas, mas no mesmo estilo que a Hammer costumava fazer."

Não adiantou. Nada iria salvar essa produção. Considerando que o orçamento estava estimado em cerca de 500 mil libras, soma que nem cobriria os gastos com o bufê de um grande filme hollywoodiano, talvez ninguém devesse ter se surpreendido com o resultado final.

E havia a escola de pensamento "tão ruim que ficou bom", como acontece na crítica de Jaci Stephen para o *Guardian*: "O chefe dos vampiros é Melech (Sebastian Knapp), que se apaixona por Jen e deseja que ela entre no vampiromóvel (ou seja lá qual for o transporte usado pelos vampiros) para ir até uma ilha onde viverão felizes para sempre", escreveu ela. "'Partimos amanhã para terras distantes', avisa ele. 'Tem um atracadouro na marina com o seu nome?' Knapp é hilário e diz as falas ridículas com o ar de seriedade que essas besteiras exigem, mas as verdadeiras risadas vêm com os irmãos Crocker, um trio completamente inepto que tenta capturar os vampiros em vários ataques. 'Temos um probleminha aqui,

SUCESSO MOVIDO A POLÊMICA

não é?', observam eles, após chutarem acidentalmente uma cabeça no meio da rua." Há muito mais cenas nesta linha, mas o leitor sai do filme sem a menor dúvida de que a obra é risível.

Contudo, não há carreira sem os seus percalços, e Jamie logo partiu para outra. "Adoraria fazer uma comédia com a Angelina Jolie", disse ao jornal *The Sun*. "É difícil ser o protagonista de uma comédia romântica se você não for inglês. Acho que os ingleses fazem muito esse estilo meio ridículo, meio patético."

Pelo menos agora ele estava no radar de Hollywood e começava a ficar conhecido não só como modelo. De forma lenta, porém segura, os projetos começavam a se acumular e Jamie estava fazendo contatos, lendo roteiros, encontrando diretores e entrando no mundo no qual gostaria de habitar. Ele também fazia vários testes e, na maioria dos casos, não ganhava o papel, mas estava determinado, era esforçado e capaz. Aos poucos, ficava claro que o sucesso era apenas uma questão de tempo.

Ainda não havia uma namorada em vista, e amigos de Jamie estavam começando a se perguntar o motivo. Afinal, ele era um cara bastante atraente e andava com algumas das modelos mais lindas do mundo, então por que ainda era tão difícil encontrar outra pretendente tanto tempo depois de terminar com Keira? Muitas pessoas ainda acreditavam que Jamie não a havia esquecido, impressão pela qual ele mesmo era responsável, enfatizando a lealdade às pessoas de quem gostava. Quando perguntado pelo *Sunday Express* por que ainda não havia outra pessoa na sua vida, ele respondeu: "Sou fiel. Odeio até a ideia de trocar de banco. Mesmo que pudesse economizar algum dinheiro, eu gosto do cara do meu banco, então não quero decepcioná-lo." Se ele faz isso pelo gerente de banco, imagina com a ex, o primeiro grande relacionamento da vida dele! Talvez o fato de as pessoas ainda o associarem ao romance com Keira irritasse Jamie, mas o impacto que ela teve sobre ele ainda era percebido.

De uma forma meio estranha, pode-se dizer que foi outra preparação para interpretar Christian Grey. Afinal, Christian era uma alma perturbada, cheia de feridas emocionais, uma pessoa problemática. Dizem que Frank Sinatra só conseguiu cantar músicas de dor de cotovelo depois de perder Ava Gardner. Poderia a separação de Keira Knightley ser o trauma responsável por transformar Jamie no ator que ele é hoje?

6 *NICE TO MEET YOU*

Jamie estava perto de estourar como ator, mas não tinha chegado lá. Ainda haveria mais trabalhos menores pela frente, e o próximo era realmente muito estranho: um curta-metragem chamado *Nice To Meet You* estrelado por mãe e filha, Trudie Styler e Mickey Sumner, com Jamie no papel de um rapaz calado e sem nome. A trama peculiar envolvia Jamie aparecendo no jardim de Trudie (nenhum dos personagens tinha nome) enquanto fugia da polícia. Ela lhe dá abrigo até os policiais irem embora, quando ocorre o momento "vai rolar ou não?", interrompido pela filha de Trudie. Jamie escapa, mas quando a filha traz um novo homem para casa pouco tempo depois, quem poderia ser, senão o fugitivo da lei? O clima romântico entre a mãe e o possível genro continua, levando a uma conclusão rápida e inócua, sem jamais deixar claro se os dois sucumbiram aos seus desejos ilícitos.

Era uma bobagem tão grande quanto *Beyond The Rave*, e os fãs mais ávidos de Jamie podem assistir ao filme no YouTube. Mas Jamie não tinha qualquer ilusão em relação a esse curta, dizendo-se surpreso quando uma entrevistadora contou tê-lo assistido. Não que muitos tenham visto *X Returns*, outro curta-metragem curioso filmado mais ou menos na mesma época. A história gira em torno do misterioso Agente X (Jamie), que foge da cadeia em Los Angeles após quarenta anos preso por engano. Ele foi cobaia de experimentos científicos na prisão e precisa voltar quarenta anos no tempo para descobrir o que aconteceu com a sua família e a vida que tinha antes. Essa produção tinha um elenco de cinco pessoas, em vez das três do curta anterior, mas jamais conseguiria revolucionar o cinema com seus 11 minutos de duração.

Tudo isso acabou sendo uma boa experiência para o que estava por vir, e o trabalho seguinte era de um nível totalmente diferente. *Shadows in the Sun*, estrelando a lendária Jean Simmons no seu último filme, contava a história de como um jovem solitário resolvia os problemas de uma família que enfrentava a dor de ver o declínio de um parente idoso. Joe, interpretado por Jamie, é uma alma perturbada que vive como um mendigo na década de 1960 e se envolve com Hannah, uma viúva idosa que mora num lugar remoto da Ânglia Oriental. Joe fornece maconha para ajudar a aliviar as dores dela, mas os problemas surgem quando o filho Robert, interpretado por James Wilby, começa a desconfiar dos motivos do rapaz, com as tensões ficando ainda maiores quando Joe faz amizade com a filha de Robert.

Jamie e James ficaram um pouco apavorados de trabalhar com Jean Simmons, que, afinal, fazia parte da nobreza hollywoodiana, e isto pareceu divertir a própria atriz. "Não sei o que eles esperavam, talvez alguma diva de Sunset Boulevard", disse a Allan Hunter no *Daily Express*. "Gosto de pensar que sempre tive noção da realidade. Acho que vem da minha família, especialmente do meu irmão, cuja atitude a meu respeito sempre foi: 'Ah, que bom, a menina está trabalhando.'" Ela sem dúvida tinha os pés no chão e não era afetada pelo mundo de Hollywood, exatamente como seus dois jovens colegas de cena.

O filme escrito e dirigido por David Rocksavage estreou no Dinard British Film Festival, onde teve boa recepção. "*Shadows in the Sun* é um filme tocante, muitíssimo bem-feito e, em última análise, redentor, que fala de família, memória, perdão e amor", disse Carey Fitzgerald, chefe da High Point Films, que adquiriu os direitos de distribuição para o filme. Esse também foi um grande passo na carreira de Jamie.

Era inevitável, porém, que o verdadeiro foco da atenção estivesse em Jean Simmons. Coincidentemente, na semana de estreia do filme, ocorreu o relançamento de *Spartacus*, originalmente feito em 1960 e também estrelado por Simmons, levando Philip French a escrever no jornal *The Observer*: "O cinema confere imortalidade e também mostra o envelhecimento e nos ajuda a aceitar a mortalidade. As duas coisas se juntam em *Shadows in the Sun*, no qual uma senhora com uma doença terminal, interpretada por Simmons, assiste pouco antes de falecer a uma produção ao ar livre de *A tempestade*, peça inteligente que fala de despedida e morte."

Andrew Pulver, contudo, teve uma visão um pouco menos positiva no *Guardian*. "O diretor e corroteirista David Rocksavage, também conhecido como Sétimo Marquês de Cholmondeley, faz tanto esforço para criar um clima de melancolia contida que o filme acaba beirando o irrelevante", escreveu. "As boas atuações no geral mantêm a trama andando, mas são atrapalhadas por recursos irritantes como o dos estudantes apresentando *A tempestade* numa praia vizinha."

NICE TO MEET YOU

Tim Robey também foi um tanto indiferente no *Daily Telegraph*: "Pequenas coisas ganham um significado exagerado neste esforço britânico complacente que se passa na Ânglia Oriental durante os anos 1960, onde uma família se reúne para passar o verão com a querida avó (Jean Simmons)", escreveu. "Para completar este mergulho bem-intencionado na nostalgia amorosa, temos um naufrágio pitoresco, muitas repetições do *Träumerei* de Schumann e alguns transeuntes realizando uma apresentação de despedida de *A tempestade*."

Porém, muitos outros foram totalmente conquistados pelo encanto delicado da trama. Derek Malcolm, do *London Evening Standard*, foi um deles. "Este filme está tão longe da briga de foice que acontece entre a maior parte das ofertas atuais, que temo por ele na bilheteria, mas foi feito de modo caloroso por Milton Kamm e, à medida que as tensões familiares aumentam, criam uma atmosfera quase tchekhoviana, embora de um jeito muito inglês", escreveu. "*Shadows in the Sun* se move tão silenciosamente quanto um camundongo e poderia ser acusado de falta de urgência e vigor. Mas é bem interpretado por Wilby e especialmente por Simmons, que ainda tem o carisma de uma estrela, conseguindo manter a atenção o tempo todo. Ninguém pode negar que o filme seja bem-intencionado."

Sam Jordison do *Channel 4 Film* escreveu: "Tudo é feito com uma tranquilidade que não vai fazer você roer as unhas, mas vai mantê-lo intrigado e envolvido. É cuidadoso e bonito, e os atores fazem total justiça aos personagens. Simmons rouba a cena com uma interpretação contida que mostra toda a calma e o calor de Hannah, mas ela recebe um excelente apoio do restante do elenco."

A opinião de Allan Hunter no *Daily Express* manteve o tom elogioso: "Simmons traz charme e inteligência ao papel de Hannah, a matriarca doente que agora mora sozinha em Pear Tree, uma casa de campo labiríntica que dividia com o falecido marido. Seu companheiro agora é o jovem faz-tudo Joe (Jamie Dornan), também responsável por fornecer a maconha que alivia a dor da longa doença [...] *Shadows* é uma história contida que poderia ter um pouco mais de ânimo, mas a presença de Simmons ajuda a deixá-la emocionante."

Embora o filme realmente não tenha mudado o mundo — "Vovó fica um pouco doidona" era a manchete do *Sunday Mirror* —, foi um avanço significativo para Jamie. Aos poucos, a percepção pública em relação a ele começava a mudar. Jamie era claramente talentoso e logo mostraria isso a uma plateia bem mais ampla.

NICE TO MEET YOU

Embora a carreira estivesse indubitavelmente no caminho certo, muitos críticos não conseguiam resistir a comentar a aparência de Jamie. Afinal, ele era modelo, ainda que mostrasse talento para a atuação. Na Grã--Bretanha, como ele observou com tristeza em várias ocasiões, ainda há desconfiança em relação aos modelos que tentam atuar.

Em janeiro de 2009, Jamie chegou ao quarto lugar da lista de homens mais sexy da Irlanda feita pela revista *Social and Personal* (o astro de televisão Baz Ashmawy foi o primeiro colocado), com direito a reportagens mostrando os "jovens gatos do momento" para comemorar o título. Depois disso, ficou entre os dez primeiros na lista dos cinquenta solteiros mais cobiçados da Grã-Bretanha feita pela revista *Company* — estava em boa companhia, pois o príncipe Harry era o primeiro da lista. Como sempre, não faltavam possíveis namoradas: a mais recente era a estrela de *Harry Potter*, Emma Watson, com quem foi visto conversando durante a festa da Grey Goose, no Grosvenor House Hotel. Naquela época, Emma admitia publicamente a preocupação por ter o primeiro beijo em cena com o colega Rupert Grint e lamentava a falta de prática. Como se pode imaginar, houve várias sugestões de que Jamie poderia ser o homem ideal para ajudar nisso.

E foi sugerido que ele estaria mesmo interessado em Emma, embora, naquela noite, ela tenha falado com outros três rapazes: Robert Pattinson, Nicholas Hoult e Alex Pettyfer. Será que a moça iria ceder aos encantos de algum deles? "Emma se transformou de adolescente fofa e desajeitada numa bela e arrebatadora estrela de cinema", disse um informante ao *Sunday Mirror*. "Não lhe faltam admiradores, e Jamie é um deles. Como ela é bem romântica, ele vai ter de fazer isso à moda antiga, cobrindo-a de chocolates e flores. Jamie não está acostumado a ouvir 'não' de uma mulher, por isso vai continuar tentando. Quando ele a encontrar na próxima festa da indústria do entretenimento, vai atacar de novo. Da última vez, todos os caras tentavam conquistar Emma, então ele sabe que precisa ser rápido." Mas talvez Jamie estivesse apenas gostando da companhia dela. Afinal, ele era jovem, livre, solteiro e estava aproveitando bastante a vida.

A carreira de modelo ainda ia de vento em popa, com Jamie aparecendo em anúncios da Calvin Klein ao lado de Eva Mendes — que nitidamente estava se divertindo ao posar de topless agarrada com ele, usando Jamie para cobrir o corpo. Não surpreende que a campanha tenha sido um sucesso e aumentado o cacife do rapaz.

NICE TO MEET YOU

Apesar disso, às vezes, ele ficava excessivamente sensível por ser julgado pela profissão. Mulheres bonitas geralmente são consideradas como pouco inteligentes, e o mesmo acaba se aplicando a homens muito bonitos. Por mais injusto que seja, ninguém contrataria Kate Moss pela sua capacidade intelectual, embora tudo indique que ela seja uma mulher de negócios muito sábia, e o mesmo valia para Jamie. Às vezes, ele não podia deixar de reclamar.

"As pessoas supõem que você é burro. Basta tirar a camisa para falarem: 'Ele deve ser um idiota'", contou ao *Sunday Mirror*. "Sério, as pessoas me abordam e dá para ver nos olhos delas. Todo mundo fala com você muito d-e-v-a-g-a-r. Tipo: 'Vamos conversar sobre essa graxa e o óleo no seu corpo. E sobre a loção pós-barba. E as suas técnicas para cuidar da aparência.' Mas até entendo. Se eu visse uma foto minha, provavelmente faria o mesmo."

Jamie também revelou que muitos o consideravam gay — obviamente, não liam as eternas especulações sobre a sua vida amorosa — e lamentou a quantidade de pessoas que esperavam vê-lo sem roupa na primeira oportunidade. "Não vou tirar a camisa sempre que estiver diante de uma câmera", disse. "Não é muito difícil me ver assim. Digite 'tórax de Jamie Dornan' no Google

JAMIE DORNAN – TONS DE DESEJO

e pronto. Já fiz isso tantas vezes que não sei como ainda pode ser interessante." Mas acabava cedendo: "Nunca acreditei nessa besteira de 'Meu corpo é um templo', embora o meu ajude a pagar as contas."

Jamie adotou um tom consideravelmente mais leve quando foi entrevistado pelo jornal *The Observer* após um ensaio para a revista *Men's Health*, que tinha acabado de se tornar a revista masculina mensal mais vendida da Grã-Bretanha. Isso acontecia em parte devido a homens como Jamie, que estavam sendo julgados pela aparência do mesmo jeito que as mulheres sempre foram. E qual era a opinião dele sobre tudo isso? "Eu só penso: homens sendo idolatrados porque ficam bem de roupa íntima... É meio ridículo, não é?", disse, contando a história de um homem que tinha acabado de lhe pedir um autógrafo e dito que se inspirava nele. "Achei estranho. Assinei uma foto da minha própria virilha, pensando: 'Não se inspire num cara que por acaso fica bem seminu.' Há tantas outras coisas em que se inspirar. Quer dizer, não tem problema em se inspirar numa mulher que fica bem de roupa íntima! Rá! [...] Não que eu esteja sugerindo que o único objetivo das mulheres seja ficar bem de roupa íntima..."

Porém, ao contrário das modelos do sexo feminino, Jamie tinha um pouco mais de sorte quanto ao que podia comer e beber. "Sempre precisei ganhar massa, então até a carreira de modelo decolar, eu enfiava hambúrgueres goela abaixo e trabalhava muito para isso — além de beber Guinness", disse à *Men's Health*. Suas colegas modelos definitivamente não tinham essa opção.

No outono de 2009, Jamie tinha alcançado um nível de sucesso tão grande como modelo que pôde lançar outros colegas. Ele participou da escolha do elenco para a Calvin Klein no evento chamado *Nine Countries, Nine Men, One Winner*, atuando como juiz. A competição envolvia Inglaterra, França, Alemanha, Grécia, Holanda, Itália, Rússia, Espanha e Suécia. Os juízes precisavam escolher um finalista de cada país, que então competiriam entre si na grande final em março do ano seguinte. O prêmio era um contrato com a agência Select Model Management, além de uma viagem com acompanhante para a África do Sul. O vencedor foi um britânico chamado Laurence Cope, de 19 anos, que era atleta como Jamie: jogava futebol e tênis, e se tornou o mais novo modelo internacional.

Em janeiro de 2010, foi anunciada a morte de Jean Simmons. Jamie ficou muito abalado com a notícia e fez uma generosa homenagem a ela. "Ela tinha, o quê, uns 79 quando trabalhamos juntos?", disse à revista *Interview*. "E quando penso em todos os filmes que ela fez, no quanto era atenciosa e generosa [...] Preciso ter cuidado aqui, porque estou quase chorando. Ela começou ainda menina. Tinha um monte de histórias ótimas. Trabalhou com Marlon Brando e Frank Sinatra — no mesmo filme! Tenho certeza de que ela ficou de saco cheio das minhas perguntas sobre isso. E disse que um dos seus primeiros trabalhos foi como dublê de Vivien Leigh. Eles a enrolaram num tapete e a jogaram numa piscina para a cena do afogamento. Ela ficou embaixo d'água pelo que pareceu uma eternidade, mas quando saiu, soube que foram só alguns segundos. Ela riu, e depois disso fez *Spartacus*!" Jamie estava prestes a estourar, mas antes fez uma aparição no estilo "piscou, perdeu" em outro curta, *The Black Widow*. Àquela altura, ele já tinha muitas conquistas, mesmo estando na casa dos 20 anos. Um dos poucos modelos do sexo masculino cujo nome era conhecido do público, Jamie também estava enriquecendo. Em 2011, ele fez campanhas para a revista *Wonderland* e para as marcas Gap, Desigual e Hugo Boss até que o sucesso pelo qual tanto ansiava finalmente chegou.

Nada na vida acontece totalmente de acordo com o planejado, então não deveria surpreender que, embora Jamie fizesse de tudo para estourar no cinema, foram duas séries de televisão que o colocaram nesse caminho.

NICE TO MEET YOU

Once Upon a Time é um drama incrivelmente inovador de Edward Kitsis e Adam Horowitz, dois roteiristas que afiaram suas habilidades em *Lost* e *Tron — O legado* e, portanto, sabiam fazer ganchos e deixar o público ansioso. As histórias aconteciam em dois locais: a terra dos contos de fadas no passado e a vida real no presente, sendo que cada personagem tem sua contraparte no outro ambiente.

A série se passa na cidade litorânea de Storybrooke, Maine, e os moradores são personagens de vários contos de fadas e outras histórias. Eles foram levados para o mundo real e tiveram suas lembranças originais roubadas pela Rainha Má Regina (Lana Parrilla) por meio da poderosa maldição obtida com Rumpelstiltskin (Robert Carlyle). Regina é prefeita de Storybrooke, onde os habitantes levam uma vidinha imutável há 28 anos, sem perceber que não envelhecem. A única esperança da cidade é a caçadora de recompensas Emma Swan (Jennifer Morrison), filha da Branca de Neve (Ginnifer Goodwin) e do Príncipe Encantado (Josh Dallas). Emma foi transportada da Floresta Encantada para o mundo real quando era bebê, antes que a maldição também caísse sobre ela. Assim, ela é a única pessoa capaz de quebrar a maldição e devolver as lembranças perdidas dos moradores.

Ela tem a ajuda do filho Henry (Jared S. Gilmore), com quem se reencontrou recentemente depois de tê-lo dado para adoção ao nascer, e do livro de contos de fadas que tem a chave para acabar com o feitiço. Henry também é filho adotivo de Regina, fonte de conflito e interesse comum entre as duas. Geralmente, os episódios detalham o passado de algum personagem, acrescentando peças ao quebra-cabeça da trama e à conexão deles com os eventos ocorridos antes da maldição e suas consequências. A outra parte se passa no presente e segue um caminho parecido que, embora tenha resultado diferente, também oferece uma percepção sobre os moradores da cidade.

A série estreou em 23 de outubro de 2011, com o episódio em que o casamento da Branca de Neve com o Príncipe Encantado é invadido pela malvada Rainha Regina, anunciando que lançará uma maldição para que ela seja a única a ter um final feliz. Nesse momento, todos os personagens são enviados a Storybrooke. No fim da primeira temporada, Emma Swan, filha da Branca de Neve com o Príncipe Encantado, consegue quebrar o feitiço, mas, no segundo ano, os produtores viram que tinham um sucesso nas mãos e, querendo manter o suspense, não deixaram os personagens voltar à terra dos

NICE TO MEET YOU

contos de fadas, obrigando-os a lidar com o conhecimento sobre sua natureza dupla.

E foi nesse cenário intrigante que Jamie entrou como interesse amoroso tanto da mocinha quanto da vilã. As coisas definitivamente estavam indo na direção certa: não só esta era uma grande série no horário nobre dos Estados Unidos, como ele atuaria com pessoas do mais alto calibre, como Robert Carlyle, que fazia o duplo papel de Rumpelstiltskin/Sr. Gold e com quem logo fez amizade. "Bobby é uma lenda em todos os sentidos", disse à revista *Fabulous*. "Você conhece um grande ator quando ele faz tudo com muita facilidade. Nós nos enturmamos logo. Muita gente de Belfast e Glasgow faz amizade porque são lugares muito parecidos." Outro exemplo era Ginnifer Goodwin, que tinha conhecido a fama na série de TV *Big Love*, sobre uma família fundamentalista mórmon que praticava a poligamia, e foi escalada para o papel de Branca de Neve.

A série foi um sucesso imediato. "A ideia para o programa começou mesmo há oito anos, quando Eddy [Kitsis] e eu tínhamos acabado de trabalhar em *Felicity*", contou Adam Horowitz em entrevista ao Collider.com. "O embrião apareceu quando tentávamos descobrir do que gostávamos numa narrativa e vimos que era o mistério e a empolgação de explorar vários mundos diferentes. Nós nos identificamos com contos de fadas, porque eles estão no DNA do que nos levou a contar histórias, para começar. Se pudéssemos transitar entre dois mundos e ver dois lados desses personagens, para nós, como roteiristas, era uma nova forma de explorar as motivações dos personagens e abordá-las de vários ângulos. Como roteirista, você sempre quer encontrar novas formas de explorar os personagens, e foi isso que nos empolgou nessa ideia."

Mas escrever a natureza dupla dos personagens, no passado dos contos de fadas e no presente da vida real, não foi fácil. "Este é o desafio. Temos 12 episódios para fazer o melhor possível, contar as histórias mais bacanas que conseguirmos. É um desafio incrível. Mas, como saímos de *Lost*, não queríamos algo fácil. Então daremos o nosso melhor e, se fizer sucesso, ótimo. Se fracassar, pelo menos fizemos algo que nos desafiou como roteiristas."

Foi uma tremenda vitória conseguir que Robert Carlyle topasse participar — na verdade, os dois confessaram que não imaginavam o ator aceitando o convite para estrelar a série — e sua presença magnética inquestionavelmente contribuiu para o sucesso de *Once Upon a Time*. "O sensacional sobre o nosso elenco é que todas as pessoas com quem queríamos trabalhar aceitaram o

NICE TO MEET YOU

convite", continuou Horowitz. (Com uma exceção. Eles disseram ter oferecido o papel de Fada Azul para Lady Gaga, mas ela não respondeu.) "Não estou brincando. Nós procuramos Ginnifer Goodwin, Jennifer Morrison e Robert Carlyle. Mandamos o roteiro para eles, perguntamos: 'Você quer fazer?', e o inacreditável foi que todos responderam que sim. Isso nos animou bastante. Todos ficaram muito empolgados com o piloto. Todo mundo aceitou fazer a série porque gostou do texto, ficaram empolgados com o material. Pelo menos foi o que disseram, então eu escolhi acreditar. Consequentemente, há essa energia incrível de 'Vamos dar o máximo aqui e fazer o nosso melhor trabalho.'"

Claro que fazer dois papéis foi um tremendo desafio não só para os roteiristas, mas também para os atores envolvidos. Todos sabiam disso. "Mas é empolgante, tanto para os atores quanto para nós, roteiristas", disse Horowitz. "Podemos brincar constantemente com a dualidade desses personagens e o que os unifica. É divertido. Podemos escrever para Ginnifer [Goodwin] tanto como Branca de Neve quanto como Mary Margaret. Conseguimos explorar partes diferentes do mesmo personagem."

Eles claramente estavam se divertindo com a nova criação. "Acho que é a primeira vez que alguém mostrou a Branca de Neve (Ginnifer Goodwin, de *Big Love*) empunhando uma espada — e ela está grávida! —, e a ABC não teve problema com isso", contou Kitsis numa entrevista ao tvline.com. Para os entendidos, também havia muitas referências a *Lost*. A casa de Regina é a 108, número que apareceu frequentemente em *Lost*. Por exemplo: os seis passageiros sobreviventes da Oceanic saíram da ilha depois de 108 dias, e os botões na escotilha precisavam ser apertados a cada 108 minutos. O relógio da cidade parou às 8h15, mesmo número do fatídico voo dos personagens de *Lost*. Emma tem um adesivo no carro de Geronimo Jackson, banda fictícia de rock dos anos 1970, citada em *Lost*. O monstro de fumaça, outra entidade encontrada na série sobre a ilha, envolve a Floresta Encantada. "Damon [Lindelof, cocriador de *Lost*] foi o nosso padrinho", disse Kitsis ao tvline.com. "Mesmo sem ter o nome na série, ele está no DNA de *Once Upon a Time*."

Também havia várias outras referências culturais a serem percebidas. Começando pelos personagens, obviamente tirados de vários contos de fadas. Por exemplo, os espectadores ouviam Leroy, que na verdade é o anão Zangado, assoviar "Eu vou", música que os anões cantavam na versão de *Branca de Neve e os sete anões* feita pela Disney em 1937. Para destacar a ligação, a produtora da nova série era a ABC Studios, subsidiária

NICE TO MEET YOU

da Disney (algo muito útil, pois facilitou o acesso aos contos de fadas usados na série, sem haver objeção à gravidez da Branca de Neve). Outra referência à Disney apareceu quando Emma faz um pedido para uma vela no formato de estrela azul, aludindo ao filme *Pinóquio*, de 1940. O pedido de Gepetto foi atendido pela Fada Azul, que aparece na série, assim como o Grilo Falante. E também tinha o figurino usado pela Branca de Neve e o Príncipe Encantado para levar a filha recém-nascida ao outro universo, referência clara ao guarda-roupa mágico usado em *O leão, a feiticeira e o guarda-roupa* para levar os personagens à Nárnia.

No geral, foi um projeto incrivelmente original feito por algumas das melhores mentes da indústria. A maior parte dos críticos adorou. "Nenhuma série nova desta temporada está tentando contar uma história maior, por isso esperamos que as arestas sejam aparadas e ela cumpra o potencial que existe no ótimo elenco e na bela premissa", disse Rick Porter do Zap2it, mencionando as atuações de Jennifer Morrison (Emma Swan) e Jared Gilmore (o filho de 10 anos de Emma, Henry) quando estão juntos em cena: "Cabe a Morrison levar a história adiante neste mundo e, felizmente para o público, ela consegue dar conta por meio de uma atuação confiante e fundamentada, evitando que a série seja fantástica demais. Além disso, a afinidade com Gilmore é uma grande vantagem [...] Considerando o elenco e todos os envolvidos nos bastidores [...] Estamos otimistas que *Once Upon a Time* encontrará o seu caminho. Mas se não o fizer, pelo menos vai cair lutando para se manter no lugar."

Mike Hale, do *New York Times*, comparou *Once Upon a Time* à série *Grimm*, com a qual tem algumas semelhanças, mas disse que OUAT tem "uma premissa mais rica e personagens mais interessantes". Ele gostou das atuações de Ginnifer Goodwin (Branca de Neve) e de Morrison, mas terminou com uma crítica: "Contudo, ao rever o piloto, fica difícil ignorar o estilo novelão e o sentimentalismo bobo." Bom, era para ser um conto de fadas no fim das contas.

Amy Ratcliffe, do *IGN*, deu ao episódio nota oito de dez e gostou do elenco, das atuações e do roteiro. Apesar de considerar alguns momentos "um pouco bregas", ela esperava que a série mantivesse o foco na história em vez do excesso de efeitos especiais.

Já Christine Orlando do *TV Fanatic* adorou, dando ao episódio 4,4 de cinco estrelas, e o descreveu como "uma linda e maravilhosa jornada mágica... [Fiquei] envolvida desde a primeira cena". Ela gostou de todos, especialmente de Carlyle, dizendo que ele criou um "Rumpelstiltskin perfeitamente assustador". Sobre Henry: "É corajoso, inteligente, tem a quantidade certa de persistência e fé na fantasia para fazer você querer acreditar [...] Muito bom mesmo."

Considerando tudo, a série foi um triunfo, e seria o trabalho que finalmente levaria Jamie para o caminho da fama.

7 O CORAÇÃO É UM CAÇADOR SOLITÁRIO

Jamie apareceu principalmente na primeira temporada, num papel de razoável importância. Na terra da fantasia, seguindo a tradição de tantos contos de fada, ele era o Caçador sem nome, criado por lobos, com quem forma um laço profundo e duradouro. Era também outra referência a um original da Disney, pois Humbert, seu nome humano, é o mesmo do Caçador na animação *Branca de Neve e os sete anões.*

Estranhamente, porém, o personagem foi concebido como uma pessoa totalmente diferente, um detetive fictício muito famoso. "Vou contar algo interessante", disse Kitsis ao E! Online. "Originalmente o xerife era Sherlock Holmes. Ele seria um detetive cuja maldição era estar numa cidade onde não havia mistérios, o que o levaria a

O CORAÇÃO É UM CAÇADOR SOLITÁRIO

ser um xerife entediado. Só que não conseguimos os direitos [...] mas agora estamos tão apaixonados pela série *Sherlock* da BBC que nem quero brincar com isso. Nunca teremos um Sherlock na série, a menos que Benedict Cumberbatch queira interpretá-lo." Assim, Jamie virou o Caçador. Engraçado é que ao fazer o teste que o levou ao papel de Paul Spector, em *The Fall*, alguns anos depois, ele interpretou um policial, mas acabou conquistando o posto de protagonista.

Quando surgiu a oportunidade em *Once Upon a Time*, Jamie soube imediatamente que gostaria de fazer aquilo. Ele estava chamando a atenção pelo talento e começou a notar que, como havia muita porcaria nessa área, o melhor era aceitar logo um papel bom quando ele aparecia. "Olha, eu estava em plena temporada de pilotos e, sabe como é, você lê muita merda", explicou ao E! Online. "É muita coisa repetitiva, séries que já foram vistas mil vezes. Você fica meio cansado daquilo. *Once Upon a Time* realmente se destacou. Era a série mais comentada, pela qual todos os meus agentes estavam doidos e parecia imperdível." Também era um conceito extremamente original, algo que nem sempre acontece numa indústria que pega algo bem-sucedido e produz incontáveis variações do mesmo tema.

Jamie também estava empolgadíssimo para trabalhar com Horowitz e Kitsis. "Se eles estão num projeto, a chance de ser algo em que você deseja se envolver é muito grande", disse. "Eu era um grande fã de *Lost*, então eles nem precisaram se apresentar. Como em qualquer outra série de TV, você se envolve e torce para dar certo, mas nesta eu pensei: 'Isso é diferente e vai atrair o público', porque não existe uma só pessoa no mundo que não goste de contos de fadas." Parecia que Jamie esperava um contrato de longo prazo, embora depois tenha alegado saber qual seria o destino do seu personagem desde o início. Mas isso era emocionante, um grande papel no horário nobre da televisão norte-americana. Era uma oportunidade imensa, e ele estava determinado a aproveitá-la.

No início, o público não sabia qual era a contraparte do xerife no mundo dos contos de fadas. "Foi ótimo deixar todo mundo na dúvida, ser alvo desse tipo de curiosidade é muito bom", declarou Jamie. "Acho que os fãs vão ficar felizes por ele ser algo meio diferente e polêmico." O personagem também tinha uma característica um tanto mítica, com os detalhes propositalmente vagos.

Jamie estava pensando na história do seu personagem atiçar o interesse dos espectadores e, como fez com tantos dos seus papéis, refletiu muito sobre o trabalho. E

O CORAÇÃO É UM CAÇADOR SOLITÁRIO

quanto ao romance com Emma, que complica a situação com Regina, com quem estava tendo um relacionamento? "O negócio deles parece sério", disse Jamie. "Acho que ele se identifica com ela de uma forma diferente de qualquer outra pessoa. Todo mundo está preso naquele tempo e toda vez que o xerife fala com ela, [quer] saber mais. Ele está realmente atraído por ela. Emma é a primeira pessoa que o fez questionar o relacionamento com Regina, e ele já está começando [a se perguntar] porque está com ela [...] O xerife só quer sentir algo, e Emma é uma oportunidade para isso."

E o relacionamento com Regina? "Em Storybrooke, você não tem tantas opções quando se trata de relacionamentos", disse Jamie, dessa vez não sendo tão diplomático quanto poderia ao falar do seu interesse amoroso em cena. Talvez ele tenha se aborrecido por responder tantas perguntas sobre isso. "Você pega o que pode. Sabe, a prefeita é solteira, atraente e poderosa." Além disso, era crucial para a trama, e o fato de interpretar o namorado dela na série aumentava bastante o cacife de Jamie.

Na terra da fantasia, a malvada Rainha Regina acha que Jamie seria o cara certo para matar a Branca de Neve e o contrata como assassino. Na hora H, porém, o Caçador não consegue cometer o crime e entrega o coração de um cervo dizendo ser o da Branca de Neve. A malvada

Regina não aceita ser enganada, arranca o coração do Caçador e o guarda numa gaveta, transformando o rapaz num escravo. Em seguida, ele salva o Príncipe Encantado e o ajuda a fugir, mas recusa a oportunidade de se salvar, alegando que não sacrificaria o seu coração por nada.

Jamie estava adorando o rumo da trama. "No segundo episódio vai acontecer muita coisa com a Regina porque, como em *Lost* [...] tem um episódio centrado em cada personagem logo no início", disse ao E! Online. "E assim conhecemos melhor a história e o que os levou até aquele ponto. O segundo episódio se concentra na Regina e na Rainha Má, então é empolgante. Tenho momentos bem divertidos. Vamos ver a prefeita começar a desabar. A série é cheia de camadas, muito inteligente e meticulosamente pensada. Tudo o que acontece tem um motivo e corresponde a algo que ocorreu na terra da fantasia. É bem complexo, mas divertido [...] Não posso revelar muito sobre o meu [personagem na terra da fantasia]. Basicamente, eles têm o mesmo núcleo [...] É um desafio muito grande [...] mas aí é que está a graça. Um dia você está lá, sendo normal, e no outro está na terra da fantasia. É uma loucura. É legal."

Em Storybrooke, o personagem de Jamie era o xerife Graham Humbert, responsável por manter a lei na cidade. Nos primeiros episódios, ele ajuda a vilã Regina,

O CORAÇÃO É UM CAÇADOR SOLITÁRIO

com quem tem um romance secreto, a impedir que Owen e Kurt Flynn saiam da cidade, mas quando Emma Swan aparece, tudo muda. Ele começa a se lembrar do passado, mas fica levemente perplexo ao descobrir que não tem um coração, o que o leva a terminar o namoro com Regina, envolver-se com Emma e recuperar totalmente a memória. É quando a vilã Regina destrói o coração dele e, para o choque de pelo menos uma parte dos espectadores, o xerife morre. Como eles ousaram fazer isso? O Caçador bonitão? E como isso influenciaria os planos de ter uma carreira bem-sucedida nos Estados Unidos?

Jamie garantiu aos fãs que sabia da morte do personagem desde o início e não foi pego de surpresa. "Eu sabia", contou ao *E! Entertainment* pouco depois dessa virada na trama. Independentemente de estar falando a verdade ou não, ele parecia bem triste com o fim daquela experiência. "Sabia que quando começássemos a filmar de verdade seria estranho porque, obviamente, eu me sinto parte daquela família. Estava lá desde o primeiro dia, participei do piloto e depois enfrentei toda a espera para a série ser aprovada. Durante esse processo, para ser sincero, eu não sabia. Sim, fiquei um pouco chocado quando soube, mas como ainda tínhamos vários episódios para filmar, eu definitivamente queria continuar na série."

Jamie parecia mais melancólico a cada segundo e também estava aprendendo outra verdade da indústria do entretenimento: você faz amizade com os colegas e, quando termina o trabalho, tudo acaba. É preciso seguir em frente. Isso pode ser difícil em vários casos, ainda mais quando é uma série de longa duração na qual você achou que teria um papel recorrente.

"Foi estranho porque fiquei muito ligado àquelas pessoas", continuou. "Ficamos juntos por quatro meses e fiz amizades verdadeiras. Eu tinha esse peso na cabeça à medida que o episódio final se aproximava. Você começa a tentar se adaptar. Não sei se esta vai ser a última vez que o meu rosto vai aparecer na série, mas sem dúvida é o fim do xerife Graham."

Mas será que havia algum jeito de voltar? O personagem dele na terra da fantasia não chegou a morrer, lembrou Jamie, sendo totalmente possível seu retorno à série, algo que ele obviamente desejava muito. Porém, o que quer que aconteça, o certo é que a morte do xerife Graham rendeu muita discussão, e no mínimo fez Jamie ser bastante comentado. Não só o personagem tinha saído da série, mas a forma pela qual isso aconteceu também foi incomum. "Foi bem nojento, mas também foi legal, sabe?", disse Jamie, que participou de um filme de zumbi e, portanto, sabia bem o que era uma morte nojenta. "Pouca gente consegue morrer assim. É mais legal do que levar um tiro na bunda ou coisa parecida. Então, em termos de morte na TV, fiquei bem feliz." Ele também destacou que matar um personagem popular era uma forma de mostrar que a maldição na série era realmente grave e fatal.

O status de Jamie aumentou imensamente, e ele tinha provado que podia atuar. Quem viu seus trabalhos como ator nunca duvidou disso, mas a série de curtas-metragens na qual ele apareceu não foi exatamente assistida por um grande público e sua presença em *Maria Antonieta* foi curta. Consequentemente, ele ainda era conhecido como o modelo que namorou Keira Knightley, algo que o incomodava cada vez mais. Porém, após sair do seriado, não estava claro qual seria o próximo passo de Jamie. Ele voltaria a ser modelo? Conseguiria emplacar outro papel num programa de televisão de horário nobre? E será que finalmente conseguiria acabar de uma vez por todas com a impressão equivocada de que não passava de um rostinho bonito?

Jamie parecia aceitar tudo muito bem, mas havia diversas evidências de que não gostaria de ter saído da série naquele momento. Ele fez piada sobre voltar a Londres "cinco anos depois", e revelou que deu uma maneirada no Twitter por não querer entregar os rumos do seriado. Enquanto isso, várias mensagens dúbias vinham de todos os envolvidos: ele voltaria de alguma forma na segunda temporada? Inicialmente, Eddy Kitsis não confirmou: "Se o trouxéssemos de volta, muitos reclamariam de erro na continuidade", disse. "Não queremos isso." Mas estava claro que todos ficaram surpresos com a reação dos fãs que pediam a volta do personagem. O que poderiam fazer para agradá-los?

Os boatos sobre a tristeza de Jamie também não acabavam. "Ele é mais conhecido por namorar uma rosa inglesa", disse uma fonte ao *Daily Mirror*, "Mas não quer ser famoso apenas por ser o ex da Keira Knightley. Ele conquistou vários fãs com *Once Upon a Time*, o que deixa a situação ainda mais difícil de aguentar." Ironicamente, a estrela de Jamie estava prestes a brilhar tanto e tão rapidamente que os criadores de *Once Upon a Time* iriam adorar tê-lo de volta, mas seria tarde demais.

Ele realmente retornou ao programa, numa breve aparição durante a segunda temporada, no episódio *Welcome to Storybrooke*, que se passava 28 anos antes, no primeiro dia da maldição. Jamie estava obviamente se divertindo, feliz por reencontrar os amigos e voltar à série que lhe dera tanto sucesso. "Storybrooke está praticamente idêntica à versão que já conhecemos", disse ao Hollywoodreporter.com. "Como é o primeiro dia da

O CORAÇÃO É UM CAÇADOR SOLITÁRIO

maldição, basicamente nada muda muito a partir desse ponto. Há algumas referências ao fato de o episódio se passar vinte anos antes [do início da série]. [Os produtores] foram muito inteligentes ao colocar uma música de fundo no restaurante Granny's para informar ao público que estamos em outra época. É fascinante ver que, desde o primeiro dia da maldição, Regina tinha o controle total — especialmente sobre Graham."

O episódio mostrou o início do grande romance que terminaria de modo tão infeliz. E mais uma vez Jamie fez questão de explicar: "Na primeira temporada, vemos que ela o controla até certo ponto e consegue o que deseja", disse. "[Nesse episódio] vemos o início de tudo. Dá para ver como é fácil para ela manipulá-lo. É meio triste. E trágico também — ver alguém ser usado, basicamente, como uma marionete. Ela aparece no auge da maldade e da manipulação. Pobre Graham, só está fazendo o que mandam e não tem consciência para lutar contra isso. É até difícil de assistir. Eu me pego sentindo muita pena dele. É interessante para o espectador, eu acho, ver como ele foi manipulado desde o primeiro dia da maldição."

Ele também gostou de retomar o personagem. "Há quase dois anos, nesse mesmo dia, estávamos filmando o piloto", continuou. "Passei a conhecer muito bem essas pessoas e me sinto parte da criação de *Once Upon a Time*. Não foi esquisito estar de volta, foi normal. De um jeito agradável, você retoma o ritmo. Eu adorei. É meio bizarro pendurar aquela jaqueta de couro, pensar que a usei pela última vez e depois voltar. Mas também é ótimo. Estou feliz por estar de volta." De certa forma, isso lhe permitiu se despedir do personagem e daquela etapa da carreira com mais calma, além de garantir a Jamie a possibilidade de o seu personagem voltar à série, mesmo que fosse num flashback.

Num sinal claro da popularidade do rapaz, disseram a ele que os fãs mantiveram seu personagem vivo. "Isso é ótimo", disse o ator, timidamente. "O amor dos fãs é um elogio e tanto. É isso que constrói a série. Eles são essenciais a tudo que envolve *Once Upon a Time*. Se estão do meu lado, só pode ser coisa boa. Mas não vou ficar com todo o crédito: Graham é um personagem excelentemente escrito e interessante. A reação à morte dele... Fico feliz de as pessoas terem se importado tanto, mas não acho que seja preciso chamar o FBI e tal", brincou o ator.

Jamie sempre teve fãs, desde o início da vida de modelo, mas agora, pela primeira vez, ele começava a chamar atenção de um jeito normalmente reservado aos grandes astros. Começou aos poucos e depois, sempre

O CORAÇÃO É UM CAÇADOR SOLITÁRIO

que anunciavam outro papel importante, havia um grande aumento no número de fãs. Mas como Jamie viu Keira cercada de admiradores desde o início, ele se mostrava muito cauteloso em relação a isso. Contudo, era parte do trabalho, e ele teria de aprender a lidar com o assédio.

Após terminar *Once Upon a Time*, Jamie voltou a ser modelo. Com uma carreira tão lucrativa, por que parar? Vários olhos se arregalaram quando ele apareceu em outra campanha da Calvin Klein, agora lutando seminu com uma supermodelo russa. O anúncio causou furor, ao que ele respondeu com frieza: "Calvin Klein quer ser polêmico, então se as pessoas estão protestando embaixo de um outdoor onde a minha bunda está sendo mordida por Natalia Vodianova, a empresa sai ganhando, porque chama a atenção para a marca", disse. "Espero que isto seja o mais perto que eu chegue da pornografia." Mas ele estava acostumado a isso, pois houve uma polêmica semelhante alguns anos antes, na campanha que fez com Eva Mendes.

Esse era outro fator que complicava a vida de Jamie: embora costumasse subestimar a importância da carreira de modelo, a verdade é que ela era tão lucrativa que parte dele não queria desistir. Sim, ele desejava ser levado a sério como ator, estava farto de ser descrito como "o acompanhante bonitão" (especialmente quando isso envolvia as palavras Keira e Knightley) e, sim, queria ser considerado um homem com conteúdo. Mas quando uma campanha publicitária bastante lucrativa cai no seu colo, você pensa duas vezes antes de recusar. Assim, Jamie continuou a ser modelo enquanto procurava se desenvolver na carreira de ator.

A eterna especulação sobre a sua vida amorosa continuava, mas, nos bastidores, uma história diferente começava a acontecer. Jamie dava a entender que estava num relacionamento há um bom tempo, embora na fase inicial. Enquanto não tinha certeza se iria durar, ele evitava citar nomes. Porém, como a relação estava ficando realmente séria, enfim surgiu que ele tinha uma namorada fixa, a cantora e compositora Amelia Warner, que tinha contrato assinado com a Island Records e se apresentava com o nome de Slow Moving Millie, apelido dado pelos amigos, pois ela levou muito tempo para decolar na carreira musical. Ela — para o desgosto das fãs — acabaria um dia se tornando a Sra. Jamie.

8 SLOW MOVING MILLIE

Amelia Catherine Bennett nasceu no dia 4 de junho de 1982, em Merseyside, numa família teatral: os pais, Annette Ekblom e Alun Lewis, eram atores, assim como o tio Hywel Bennett. Aos 4 anos de idade, ela se mudou com a mãe para Londres após os pais se divorciarem e estudou na Royal Masonic School for Girls e depois na College of Fine Arts. Tal qual Jamie, ela queria interpretar desde cedo: após criar e atuar numa peça com amigos no Covent Garden londrino, Amelia foi descoberta por um caça-talentos e entrou para o grupo teatral Royal Court Youth Theatre.

Com seus cabelos castanhos e jeito frágil, há uma leve semelhança física com Keira, além da personalidade forte. "Acredito que o personagem que você interpreta no auto de Natal diz quem você é na vida", contou ela ao *Guardian*. "Aos 4 anos, fui Maria. Mas não era uma Maria adorável e etérea, era uma tremenda mandona: parei a peça no meio para dizer a José que ele estava fazendo tudo errado. Eu sou assim... Tive uma melhor amiga que ficou magoada por nunca ter sido Maria. E todo mundo que você encontra sempre diz: 'Ah, eu fui Gabriel, o Anjo Mensageiro'. Nunca dizem Maria ou José... Já notou? Então, sim, quem você é no auto de Natal determina, sabe, a sua personalidade."

O início da carreira foi nas séries *Kavanagh QC* (o primeiro papel) e *Casualty*, na minissérie para a TV *Aristocrats*, além dos filmes *Palácio das ilusões* e *Dom Quixote*. Depois, ela conseguiu o papel da vítima de sequestro Jodie Whitemore na série *Waking the Dead*. Amelia não era apenas um rostinho bonito: com dois As e um B no exame A-level, garantiu a vaga para estudar História da Arte na Goldsmiths College, mas decidiu se concentrar na carreira de atriz. Ela também apareceu numa adaptação de *Take A Girl Like You*, de Kingsley Amis, sobre o professor mulherengo Patrick Standish, na qual foi criticada por ser bonita demais para o papel. "Ontem, foi a vez de Sheila, filha chave de cadeia do diretor Patrick Standish. Como o próprio Patrick comentou, o principal motivo para ela ser alvo de atenção

SLOW MOVING MILLIE

sexual era o fato de 'estar lá e querer'. Mas era impossível o espectador não notar que, interpretada por Amelia Warner, ela também era bonita, fato que tendia a estragar o objetivo dramático de Patrick ser tão vulgar e sem vontade própria a ponto de fazer sexo com qualquer mulher, por mais feia que fosse."

Tudo começou a melhorar no ano 2000, quando ela fez o papel principal na adaptação em duas partes de *Lorna Doone* produzida pela BBC. Era a história do casal malfadado formado por Lorna e o trabalhador rural John Ridd, interpretado por Richard Coyle, que morava com a família em Exmoor. Ele brigou com o desonesto aristocrata Doones antes de se apaixonar pela linda Lorna, que, na verdade, estava noiva do primo, o patife Carver Doone. Isso rende muito drama, que era para ser o ponto alto da programação de Natal daquele ano. A adaptação tinha a presença de grandes nomes, como Aidan Gillen no papel de Carver, Martin Jarvis, Barbara Flynn e Michael Kitchen.

Amelia também fez *Contos proibidos do Marquês de Sade*, onde interpretou Simone, a jovem mulher do médico do Marquês, Dr. Royer-Collard, vivido por Michael Caine. O filme, estrelado por Geoffrey Rush e Kate Winslet, mostrava os últimos dias do Marquês, era ambientado num hospício e causou uma bela polêmica:

Amelia tinha 17 anos na época (e não pôde ver o filme até chegar aos 18) e, apesar da relativa juventude, mostrava uma imensa maturidade e começava a ser considerada a próxima grande estrela. "Sinceramente, deve ter sido mais difícil para ele", disse ela ao *Sunday Mail* sobre o colega de cena Michael Caine, que basicamente precisou violentar a noiva, que era uma criança. "Eu só fiquei deitada lá, parecendo aflita e transtornada, o que foi fácil, porque era uma situação horrível. Foi mais difícil para Michael porque sou mais nova que a filha caçula dele."

Michael Caine obviamente era uma lenda da atuação, mas Amelia não se abalou. "Quando comecei a filmar *Contos proibidos do Marquês de Sade*, eu só o conhecia de *Tubarão IV*", contou ao *Times*. "Fiquei muito mais impressionada com a perspectiva de trabalhar com Kate Winslet, para ser sincera. Então os meus amigos falaram de como ele era uma lenda e me fizeram assistir a vídeos de *Carter — O vingador*, *Hannah e suas irmãs* e *Um golpe à italiana*. Foi fascinante vê-lo trabalhar. Ele dá a impressão de ser um ator bem direto, mas você sabe que tem muita coisa passando pela cabeça dele. Michael realmente cuidou de mim de um jeito paternal. Algumas cenas que precisamos fazer eram horríveis, especialmente por ele ser pai, mas ele fez o que pôde para deixar tudo tranquilo para mim."

Inicialmente, Jamie Dornan encontrou a fama como modelo, trabalhando em campanhas da Calvin Klein, Dior e Armani, entre outras.

Com a carreira de modelo indo a todo vapor, Jamie começou a ser convidado para eventos frequentados por celebridades de primeira linha.

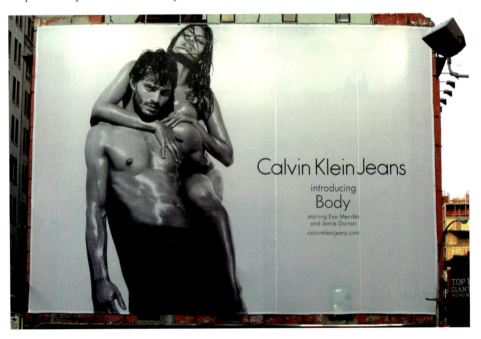

O "tórax dourado" de Jamie.

Jamie já teve seu nome ligado a várias atrizes famosas, incluindo Mischa Barton (acima, à esquerda) e Sienna Miller (acima, à direita). Ele namorou a atriz Keira Knightley de 2003 a 2005.

Sua Anastasia da vida real: Jamie encontrou o amor com a atriz, cantora e compositora Amelia Warner.

O feliz casal trocou alianças em 2013 e tiveram uma filhinha.

A estreia de Jamie na atuação foi o papel do conde Axel Fersen em *Maria Antonieta*, ao lado de Kirsten Dunst no papel principal.

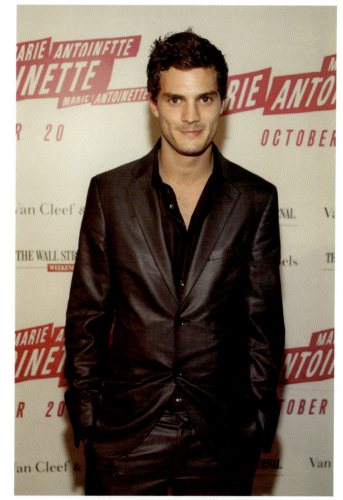

Jamie sob os holofotes na *première* de *Maria Antonieta*.

Jamie posando com um de seus intensos olhares (sua marca registrada) durante uma sessão de fotos em Nova York.

Cada vez melhor: após sua participação em *Maria Antonieta*, Jamie começou a atuar em projetos de maior destaque. Aqui, ele é visto na série da ABC, *Once Upon a Time*, interpretando o misterioso xerife Graham Humbert.

Jamie explora seu lado sombrio ao dar vida ao serial killer Paul Spector na série dramática *The Fall*.

Uma estrela em ascensão: em 2014, Jamie recebeu o prêmio de Melhor Ator da Irish Film and Television Awards por sua performance em *The Fall*.

Bem-vestido, Jamie estava lindo no *GQ Awards*, onde recebeu o Vertu Breakthrough Artist Award.

Os produtores contrataram Jamie não só por seu talento como ator ou por sua beleza estonteante, mas também pela excitante química entre ele e a coprotagonista Dakota Johnson.

Os fãs ficaram animados com a notícia de que Dornan interpretaria Christian Grey após Charlie Hunnam ter desistido do papel.

Sem querer ficar acomodado, Jamie já estrelou vários projetos cinematográficos e de TV desde que assinou para participar em *Cinquenta tons de cinza*, incluindo a série *New Worlds*, da Channel 4.

Encantando o público britânico no *Graham Norton Show*.

Entrando no personagem: Jamie dá vida ao enigmático Christian Grey no set de *Cinquenta tons de cinza*.

A vida nunca mais será a mesma para este rapaz simples da Irlanda do Norte.

Um excelente ator diante das câmeras, a carreira de modelo preparou Jamie para um grande futuro em filmes e programas de TV.

O Sr. Grey irá recebê-la agora: Jamie sensualiza como o bilionário obcecado por *bondage* e sadomasoquismo.

SLOW MOVING MILLIE

O filme teve boas críticas no geral. "Há problemas no hospício", escreveu Henry Fitzherbert no *Sunday Express*. "Os internos não conseguem controlar as mãos bobas, a lavadeira lê histórias de sacanagem para os funcionários e o padre se empolga por baixo da batina. É a história do Marquês de Sade, o diabólico aristocrata francês que passou os últimos dez anos de vida trancado com um bando de loucos."

Deve-se dizer, no entanto, que o *Daily Record* não ficou tão impressionado "Ele foi chamado de aberração, depravado, demônio obcecado por sexo e escritor podre, em todos os sentidos", dizia a crítica. "Contudo, mesmo grosso e cruel como era, nem o Marquês de Sade merecia uma biografia tão exagerada quanto *Contos proibidos* [...] O detestável Royer-Collard é um sádico ainda maior que Sade e, ao contrário do Marquês, seus atos hediondos não se limitam à imaginação. A caminho do hospício, Royer-Collard escolhe uma criança para ser sua noiva (Amelia Warner) e a prende no castelo reformado onde mora, esperando total obediência da parte dela." Pode ter sido em consequência de um papel meio problemático, mas Amelia certamente estava sendo notada.

Pouco depois, foi anunciado que ela, prestes a virar uma grande estrela àquela altura, apresentaria um prêmio no *Evening Standard British Film Awards*. Ela foi para Los Angeles, cidade que acabaria detestando, mas naqueles primeiros dias de empolgação tudo parecia um sonho se realizando. "Eu me diverti muito", disse ao *Times*. "A primeira semana foi engraçada. Eu estava me acostumando a esse negócio todo de Hollywood: pilhas de roupas que mandam para você, carros para me levar a jantares, então foi ótimo. Sei que consideram a cidade superficial, mas achei as pessoas simpáticas e tranquilas, com um desejo e ambição contagiantes [...] Conversei sobre alguns filmes novos, mas não quero fazer aquelas comédias adolescentes que são feitas só para o cinema vender pipoca."

"Quero trabalhar discretamente e fazer bons filmes", disse ela ao *Guardian*. "Preciso ter cuidado, não quero que minha vida mude. Não quero mesmo ser estrela de cinema. Tremo quando as pessoas fazem escândalo sobre isso, como se gritassem: "Eu vou ser atriz!" Deve ser mesmo bastante cruel da minha parte, mas eu ficaria constrangida em pensar ou dizer que desejo isso [...] Então não fiz isso, mas acabei caindo na área. E uma vez nela, achei que podia pelo menos dar uma chance e ver o que aconteceria." Nisso, ela era diferente de Jamie, que tinha deixado bem clara a vontade de ser ator. Mas, da mesma forma que ele, Amelia temia o lado ruim da fama. E havia motivo para isso.

Exatamente como aconteceu com Jamie, ela viveu a experiência de namorar uma pessoa bem mais famosa. No caso, o ator Colin Farrell, que ela conheceu em Los Angeles. Foi um relacionamento breve, de apenas um ano, embora bastante sério. Depois de assumirem o namoro, eles começaram a ser vistos na companhia um do outro, gerando comoção. Colin estava à beira do estrelato em Hollywood e era muito assediado, enquanto Amelia, vinda diretamente dos sucessos de *Lorna Doone* e *Contos proibidos do Marquês de Sade*, ia pelo mesmo caminho. Por algum tempo eles foram o casal da vez em Hollywood, tanto no âmbito pessoal quanto profissional.

"Nós nos conhecemos pouco antes do lançamento de *Contos proibidos do Marquês de Sade* e posso dizer o momento exato em que me apaixonei por ela", disse Colin — então chamado de "Brad Pitt irlandês" — ao *Daily Express* após o fim do namoro. "Ela é linda. Foi na estreia, no tapete vermelho, e eu recuei porque a noite não era minha. Ela deu um passo a frente, olhou todas as luzes e câmeras, depois me lançou um olhar matador de 'preciso de ajuda'. Ela me procurou e foi isso. Conquistou meu coração... Rápido demais. Jovem demais." Amelia também falou que eles eram muito novos para fazer a relação dar certo.

Mesmo assim, em agosto de 2001, houve um choque quando foi descoberto que os dois (Amelia agora com 19 anos e Colin com 25) tinham se casado de repente. Eles estavam de férias num arquipélago do Pacífico e tomaram a decisão no calor do momento: "Fomos para Bora Bora, na Polinésia Francesa, e fizemos o padre local nos levar a uma ilha", declarou Colin ao *Mirror*. Eles certamente formavam um belo casal, e a mãe de Amelia, Annette, ficou feliz da vida. "É ótimo que eles tenham se encontrado", disse ao *Mirror*. "Adoro ele, fico aliviada por Millie ter encontrado alguém que cuida dela e em quem pode confiar. É raro ver um casal tão jovem e tão pronto para o compromisso. Ela nem precisou beijar muitos sapos para achar o príncipe!" O problema é que a mãe acabou falando um pouco cedo demais.

Colin estava subindo para o primeiro time de celebridades hollywoodianas, entrando no seleto grupo dos que ganhavam milhões por filme. Por outro lado, também começava a ganhar fama de rebelde, não hesitando em falar palavrões nas entrevistas, parecendo jovem demais para se casar. Mesmo assim foi um susto quando, em fevereiro de 2002, após apenas seis meses de matrimônio, o casal se separou. Colin negou que a carreira tivesse algo a ver com a separação. "Tenho certeza de que alguns relacionamentos não conseguem sustentar as

SLOW MOVING MILLIE

exigências de ser ator", falou Colin ao *Sunday Mirror*. "Mas isso não influenciou o casamento. Não mesmo. E não estou saindo com ninguém agora."

Nenhum deles queria falar sobre o assunto, mas a verdade é que ambos estavam arrasados. Eles podem não ter ficado juntos por muito tempo, mas tinha sido um relacionamento bastante intenso e demorou um pouco até estarem prontos para outra. Colin disse ao *Mirror*: "Acabou, está resolvido. Já passei por isso antes. Vou dar um tempo. Acho que agora é celibato para mim."

Não havia mais nada a fazer, a não ser pedir o divórcio. Mas, no final, isso não foi necessário, pois não chegaram a se casar legalmente. Eles não sabiam disso e ficaram surpresos com a descoberta, embora mais recentemente Amelia tenha feito questão de minimizar esse episódio um tanto constrangedor da vida dela.

"Não chegamos a nos casar, não era de verdade", contou ao *Sun* anos depois. "Acho que fomos educados demais para negar. Fizemos uma cerimônia numa praia do Taiti que não era oficial e sabíamos disso. Foi só algo que fizemos nas férias [...] Não foi esse casamento secreto para o qual ninguém foi convidado. Foi ótimo, uma bobagem muito meiga, mas definitivamente não era sério, e acho que minha mãe considerou tudo divertido [...] Foi um relacionamento bem intenso e passional. Doeu quando terminou."

No meio dos anos 2000, a carreira de Amelia como atriz começou a desacelerar. Como tantas pessoas consideradas a próxima grande estrela, o sucesso nunca veio, apesar de a moça ser talentosa e linda. Ela começou a viver um dos grandes problemas da fama: a carreira que não saiu de acordo com o planejado. Os trabalhos podem ter minguado, mas o nome dela ainda era muito citado na imprensa, graças ao relacionamento com Colin. Sempre que ele arranjava uma nova namorada (o que acontecia frequentemente) o nome de Amelia surgia, com todos os detalhes sobre o "casamento" de quatro meses, como aconteceu quando outra namorada de Colin engravidou. Ele já tinha fama de rebelde e os jornais estavam repletos das suas façanhas amorosas, o que não deve ter sido fácil para Amelia. Do mesmo modo que Jamie passou anos conhecido como ex-namorado de Keira, Amelia enfrentou o mesmo problema em relação a Colin, que sempre aparecia na lista dos atores mais sexy de Hollywood e foi chamado de viciado em sexo. Ou seja, uma pessoa bem distante daquela praia no Taiti.

"O Colin que conheci é bem diferente do que vejo agora", disse ela ao *Sunday Mirror* quando as últimas conquistas dele dominavam as manchetes. "Por isso, eu sinto que não posso falar sobre o nosso relacionamento, é como se falasse de outra pessoa. Fico meio irritada ao ver como ele está sendo retratado agora ou como ele mesmo escolheu se mostrar, fazer este papel e tal."

Quando se dizia que Colin estava com Britney Spears, "amigos" de Amelia contaram que, na opinião dela, o ator jamais teria um relacionamento sério. Isso pode ser verdade, mas Amelia claramente significou mais para ele do que a crescente fila de conquistas. "Nós nos apaixonamos muito rápido, depois nos casamos e o amor acabou com a mesma rapidez", disse ao *Daily Star*. "Foi simples e complicado, irreverente e espontâneo. Queríamos sair de férias e casar, então pensamos: 'Vamos matar dois coelhos com uma cajadada só. Em vez de ir à capela do Elvis, vamos para a p*** de uma praia no Taiti e casar lá.' E nos divertimos muito. Se foi certo ou errado, só eu posso decidir. Eu fiz isso e faria tudo de novo, mesmo com as lágrimas que vieram depois."

Amelia sentia o mesmo. "Nós estávamos no Taiti. Fomos ao balcão de atividades do hotel e dissemos: 'Queremos andar de jet-ski, alimentar tubarões e... nos casar'", declarou numa entrevista ao *Sunday Mirror* em 2004. "Eles falaram: 'Tudo bem. Vamos marcar os tubarões para segunda, o jet-ski na terça e podemos encaixar o casamento na quarta.' Não tinha valor legal, foi algo que fizemos para nós. Eu o amava muito e tive alguns dos momentos mais incríveis da minha vida com ele, que foi um parceiro fantástico. Ficamos juntos por pouco mais de um ano e passamos dois dias separados nesse tempo todo. Estávamos sempre um ao lado do outro. Ele não fez nada de errado, nós é que éramos jovens demais. Eu tinha coisas a fazer, ele também tinha, e não deu certo, o que foi muito triste."

Enquanto isso, a carreira de Amelia continuava, embora numa escala bem menor. Existiram mais alguns papéis, mas nada igual aos gloriosos dias do ano 2000. Em 2002, ela fez um filme de terror um tanto idiota chamado *Nove vidas*, famoso basicamente por ter Paris Hilton num dos papéis. Era a história do grupo de amigos que passava um fim de semana numa casa de campo na Escócia e todos começam a morrer, um a um. Em seguida, veio a comédia romântica *Disputa entre irmãos*, em 2003. Já *Estranha família* pelo menos contava com alguns nomes confiáveis de Hollywood, como Will Ferrell e Ed Harris (e mesmo assim teve uma recepção morna). Depois vieram a ficção científica *Aeon Flux*; *Stoned*, filme sobre o Rolling Stone Brian Jones, que morreu no fim dos anos 1960 em circunstâncias misteriosas; *Alpha Male* e *A face oculta do mal*, thriller psicológico ambientado no deserto australiano que conseguiu algumas críticas elogiosas. "Outro filme britânico, *A face oculta do mal,* é um thriller psicológico impressionante que tem como pano de fundo a paisagem fotogênica do deserto australiano. Alex (Shaun Evans) e Sophie (Amelia Warner) são um casal britânico que fazem mochilão para a encrenca na companhia do solitário e carismático americano Taylor (Scott Mechlowicz)", escreveu Wendy Ide no *Times.* "Você pode até descobrir o que vai acontecer, mas é uma viagem divertida mesmo assim."

"Depois de aceitar a oferta de carona do americano, o casal gradualmente descobre que Taylor pode ser mais do que um novo e bem-vindo amigo", disse Anthony Quinn no jornal *The Independent.* "O diretor Ringan Ledwidge confia demais nas cenas iniciais de montagem pop, mas depois que o trio chega ao deserto e a tensão sexual aumenta, ele subitamente aperta o nó e deixa e público sem fôlego. A face pode estar oculta, mas não será facilmente esquecida." Outras críticas também foram bastante positivas, mas o filme não impulsionou a carreira cinematográfica de Amelia.

Em seguida vieram *Os seis signos da luz* e *Ecos do mal,* que não tiveram grande repercussão e nem lhe devolveram a antiga fama. Ela estava ficando bastante desiludida e algo iria acabar acontecendo.

E aconteceu mesmo: Amelia desistiu de ser atriz para se dedicar à música. "[Atuar] não era gratificante", disse ao *Daily Telegraph*. "Você não tem controle, não há responsabilidade. Você faz o teste e consegue o papel ou não, esse é o máximo de escolha que tem. Aí, um ano depois, você vê o produto final e pode estar num filme completamente diferente do que imaginou. Tudo começou a ficar muito frustrante. Pelo menos na música você pode compor uma canção e ela existe no mundo, mesmo se ninguém a ouvir. Isso é ótimo."

Amelia fez algum sucesso compondo trilhas sonoras para filmes, lançando um álbum independente e assinando com a Island Records graças à música "Beasts", que foi usada num anúncio da Virgin Media. Ela também gravou o álbum *Renditions*, com versões de sucessos dos anos 1980 de bandas como Bananarama, Thompson Twins e Yahoo. "Acho que a música dos anos 1980 tem má fama porque a produção não era boa", disse ao *Independent*. "As letras são bem sombrias, mas estão presas nesses ataques loucos de melodia e som. E, por baixo de tudo isso, existem canções realmente pungentes, que falam de corações partidos."

Mas foi outra regravação que atraiu o público em 2011. Morrissey gravou uma música chamada "Please, Please, Please Let Me Get What I Want", e Amelia fez uma versão que foi usada pela loja John Lewis em seu anúncio de Natal, numa campanha de 6 milhões de

SLOW MOVING MILLIE

libras. Alguns fãs do Morrissey ficaram loucos de raiva, mas o próprio cantor, segundo todos os relatos, ficou bastante satisfeito com a versão.

"Na verdade, não chegou a ser um caminho longo e complicado. Foi relativamente fácil conseguir os direitos", contou o diretor de marketing da John Lewis, Craig Inglis. "Procuramos a gravadora e Morrissey em julho e eles aprovaram. É uma canção importante de uma banda britânica marcante. Sabemos que nosso público gosta muito dos Smiths e de outras bandas daquela época."

Foi mais ou menos por aí que ela conheceu Jamie, mas como os dois habitavam o mesmo universo vazio do entretenimento, ela desenvolveu o que pode se considerar uma desconfiança saudável de Los Angeles, ou uma visão muito negativa da cidade. Amelia odiava Hollywood e fazia questão de deixar isso bem claro. "Nem quero falar do quanto odeio Los Angeles. Sei que é tipicamente inglês odiar a cidade", disse ela ao *Guardian*, num imenso contraste com aquela entrevista mais antiga. "Adoraria dizer que amo a cidade, mas não é o caso. É um lugar tão estranho. Se pudesse escolher, não passaria um dia sequer lá. Tudo fecha às 11 da noite. E todos se acham muito doidos, rebeldes e liberais, mas não são!"

A carreira de atriz ficou mesmo no passado. Ela era musicista, e não atriz, e adorava falar sobre a mudança de área. "A pressão constante de ter de provar meu talento como atriz não me caiu bem. Minha paciência acabou, porque meu coração nunca esteve nisso. Eu ia para Los Angeles e fazia testes para umas trinta pessoas", disse ao *Independent*. "Sempre recebi o feedback de que eu não queria aquilo. Disputava com várias atrizes que lutavam com unhas e dentes pelo papel, mas eu não tinha a mesma paixão. Não queria mais sofrer aquele nervosismo. Eu me sentia exposta e julgada o tempo todo, então achei melhor desistir. A música é a minha alma gêmea, mas foi justamente isso que me impediu de tê-la como profissão por tanto tempo. Eu sentia que se fosse julgada por isso, ficaria arrasada. Mas pelo menos eu tenho a paixão para ajudar a enfrentar tudo isso."

Ela certamente enfrentaria muita exposição em breve, em virtude da pessoa com quem iria se casar. Do mesmo modo que Jamie, Amelia estava prestes a dar um grande passo rumo ao desconhecido, embora no caso dela seja consequência do casamento, e não da carreira. Apenas por ser a Sra. Jamie, ela iria entrar com tudo na ribalta, tendo cada movimento e atividade examinados em detalhes. Mas Amelia não tinha a atitude agressiva da maioria dos astros e estrelas de sucesso em Hollywood: "Sou ambiciosa, mas não competitiva", disse certa vez. "Você vai à loucura se for assim. Sabe, há trabalho suficiente para todos." Essa era sem dúvida uma filosofia admirável, que a define como um ser humano decente, mas mostrava que suas prioridades eram muito diferentes daquelas defendidas pelas pessoas com quem iria andar.

No que diz respeito ao relacionamento, contudo, isso foi um bônus. Por vários anos, Jamie não escondeu de ninguém a vontade de ser um grande astro, mas, em geral, só há espaço para uma pessoa com tanta ambição num relacionamento. Ainda bem que Amelia estava disposta a recuar. Este talvez tenha sido outro motivo para a separação de Keira: por ser tão jovem, Jamie pode ter percebido que os dois acabariam competindo, o que não costuma ser bom para relacionamento algum. Estranhamente, Keira pode ter sentido o mesmo, talvez sem perceber, pois quando se casou (no mesmo ano que Jamie), também foi com um músico, James Righton, em vez de outro ator. Tanto ela quanto Jamie escolheram parceiros que eram iguais e poderiam desafiá-los, mas sem competir na mesma esfera profissional.

Isso funcionou muito bem para Jamie. Apesar da incerteza causada pela saída de *Once Upon a Time*, ele estava prestes a pegar um papel crucial. E certamente não envolvia ser apenas um rostinho bonito.

9 NINGUÉM SABE O QUE SE PASSA NA CABEÇA DE OUTRA PESSOA

Jamie agora estava na mira internacional de modo iné-dito. Ele podia ou não estar triste por ter saído de *Once Upon a Time*, mas a verdade é que a série aumentou dra-maticamente a fama do ator, chamando a atenção de di-versos diretores de elenco. Isso estava prestes a ser demonstrado de modo espetacular num papel que mu-dou totalmente a percepção do público em relação a ele, ilustrando o incrível talento de Jamie como ator capaz de fazer um trabalho realmente perturbador, embora memorável. Foi quando ele conquistou o papel de Paul Spector, assassino em série brutalmente sádico e tam-bém pai de família carinhoso.

Notaram que Jamie traz um tipo de intensidade si-lenciosa aos papéis (isso pode ser consequência de ter crescido durante os Troubles em Belfast). *The Fall*, sua série mais recente, era ambientada na capital da Irlanda do Norte, embora o ar sinistro de mistério e terror tenha se baseado em algo bem diferente, um psicopata louco que parecia normalíssimo à primeira vista. A premissa era a seguinte: Gillian Anderson interpretava a protagonista Stella Gibson, detetive superintendente londrina escalada para ajudar a polícia de Belfast a resolver um assassinato misterioso. Ela não demora a identificar semelhanças com outro crime e descobre, bem mais rápido que todos os colegas, a existência de um assassino em série à solta.

O incomum para uma série como essa é que o público sabe a identidade do assassino desde o início. Paul Spector é um terapeuta especializado em luto, casado e pai amoroso de dois filhos, sendo visto brincando com as crianças, observando a filhinha dançar e, no geral, dando a impressão de ser um homem de família satisfeito. Ele também faz trabalho voluntário à noite, embora isto seja um disfarce para suas outras atividades. Paul, na verdade, é um monstro, que persegue suas vítimas e trama os próximos passos (anotados em um caderninho escondido no sótão em cuja porta está pendurado o móbile da filha) até matá-las. Os episódios têm roteiros maravilhosos, cheios de suspense, e se baseiam no fato de haver dois caçadores em ação: Paul, em busca de mais vítimas, e Stella, que está atrás dele. A justaposição do pai amoroso com o assassino brutal também era muito envolvente, e não poderia estar mais distante dos anúncios da Calvin Klein.

Jamie fica sem camisa desde o início da série, mas acontece uma competição acirrada em termos de tórax com alguns colegas de cena, especialmente o policial James Olson, que Stella leva para a cama num dos primeiros episódios. E as blusas usadas por Stella, algumas abotoadas de modo definitivamente baixo, também foram tema de debate, sem falar na cena em que a blusa se abre de modo revelador numa importante entrevista coletiva. A atmosfera da série era incrível, totalmente cativante, um *tour de force* para todos os envolvidos.

E também era um novo mundo para Jamie, que às vezes parece quase comicamente inclinado a se desculpar pelos atos terríveis de Paul, fazendo questão de destacar a imensa diferença entre ele e o personagem. "Acho que não seria muito bom ficar na cabeça dele por três meses", disse o rapaz ao *Daily Mirror*. "Quando era possível, eu fazia alguém rir. Havia uma cena em que eu estava com as mãos no pescoço da vítima e fingia apertar com todas as minhas forças. Ela espuma pela boca, o

NINGUÉM SABE O QUE SE PASSA NA CABEÇA...

meu suor pinga nos seus olhos, eu a observo morrer com os olhos saltados. Depois de cada uma dessas cenas, quando diziam 'Corta!' eu falava 'Ai, meu Deus, desculpa. Vou desamarrar os seus pés. Está tudo bem?' Porque eu não sou esse cara. Faço de tudo para sair dele assim que ouço o diretor terminando a cena. Você não quer ficar na mente dele o tempo todo. Alguns atores gostam disso, mas eu me lembro de pensar que seria um desafio imenso quando eles me escalaram."

Na verdade, a escolha de elenco foi inspirada. Esse papel estava a um mundo de distância do bonitão Caçador e da imagem de modelo que desejava ter sucesso como ator. Mostrava que ele tinha profundidade, podia interpretar personagens sombrios e multidimensionais, além de mergulhar na alma de um homem terrível. Em resumo, o trabalho mostrava que Jamie não era apenas um rostinho bonito e tinha uma bela carreira de ator pela frente. E também deixava visível uma atitude saudável em relação à nova profissão: ao contrário de alguns atores que seguem o método Stanislavski e precisam ficar no personagem o tempo todo, Jamie era perfeitamente capaz de sair dele quando as filmagens terminavam. Isso indicava uma segurança interna que claramente era fruto da relação próxima com a família e do relacionamento feliz com a nova esposa.

Ainda assim, ele precisava encontrar um jeito de entrar na cabeça de Spector e, para isso, assistia a vídeos do assassino em série norte-americano Ted Bundy. Um verdadeiro monstro — estuprador, sequestrador e necrófilo —, Bundy também era bonito e carismático e usava isso para atrair suas vítimas ao destino fatal. Ele agiu ao longo da década de 1970, possivelmente por mais tempo, e sempre voltava ao local onde estavam os corpos das suas vítimas, arrumando-os depois da morte (algo que Spector também faz). Finalmente, ele foi preso em 1975, mas conseguiu fugir e cometer mais crimes até ser capturado de novo em 1978. Após anos negando as acusações, finalmente admitiu ter cometido trinta assassinatos entre 1974 e 1978, embora a quantidade de vítimas possa ter sido muito maior. Em 1989, ele foi executado na cadeira elétrica.

Bundy era um assassino psicopata do mesmo tipo que Jamie iria interpretar, e o ator levou a pesquisa a sério, aprofundando-se na mente de um indivíduo que a vasta maioria das pessoas seria incapaz de entender. "Li muito sobre assassinos em série", disse Jamie à revista *PA*. "Acho que muitos desses caras têm algo em comum, seja abuso ou abandono. Li vários livros, especialmente sobre Bundy. Vi todas as entrevistas. Ele foi o assassino em série mais fascinante, porque era profissional e bonito, um cara encantador. E também teve uma namorada por sete anos que nunca desconfiou de nada, mesmo quando ele matava uma mulher por mês. É assustador o fato de existir alguém como ele, que passa despercebido na sociedade e leva uma vida normal, cometendo atos repulsivos. É parecido com Spector, que tem um emprego e é supostamente um bom pai de família." Na verdade, Bundy era casado, outra semelhança com Spector.

Jamie conseguiu ver que Spector era um personagem extremamente complexo. "Eu realmente acredito que ele ama os filhos, por mais estranho que pareça", continuou. "Nunca duvidei que fosse bom pai, o que deixa tudo ainda mais angustiante. Também acho que Spector é um marido relativamente bom. Não acredito que ele tenha traído a mulher. Não estou dizendo 'Deem um desconto ao cara. Ele é um incompreendido', mas acho que existe um núcleo básico de características ao qual ele obedece em termos de família."

Porém, até mesmo ele achou algumas das cenas extremamente perturbadoras. "Em cinco minutos, ele vai de lavar os cabelos da filha a perseguir uma vítima e planejar o próximo ataque. É isso que faz a parte odiosa ser tão chocante: ele é marido e pai. Não só isso: é um bom pai. Não quero interpretar um assassino em série pelo resto da vida, mas esse papel vai mudar a percepção que as pessoas têm a meu respeito." E mudou mesmo. A capacidade de atuação de Jamie deixou claro de uma vez por todas que ele não foi escalado apenas pela aparência.

Também havia um grande fascínio por Gillian Anderson, que impressionava no papel da policial capaz de ver o que estava acontecendo muito antes dos colegas. Anderson, famosa desde o papel de agente Scully na série *Arquivo X* em 1993, agora interpretava uma loura cuja aparência fria escondia uma personalidade complicada. Ela também foi altamente elogiada pelo papel, para o qual se disse atraída principalmente pela qualidade do roteiro.

"[Como] a maioria dos trabalhos que recebo, ele veio primeiro na forma de roteiro", disse Gillian ao npr.org. "E há algo no texto do [criador] Alan Cubitt que nos afeta profundamente. Assim que virei a primeira página não consegui mais largar devido à qualidade do texto. Também fiquei bastante intrigada com Gibson e acho que nunca tinha lido uma personagem igual a ela — muito menos encontrado uma. E ela continua sendo um enigma para mim."

Obviamente, existiu outra detetive fictícia muito famosa interpretada por Helen Mirren em *Prime Suspect*, e Gillian não tinha problema em reconhecer essa influência. "Sou muito fã de Helen Mirren, nem preciso dizer", continuou. "Acho que era algo que sempre tive na cabeça como um objetivo a ser alcançado. E [*The Fall*] poderia ter seguido alguns caminhos na forma de filmar, ter ido por outro lado e ficado mais americanizada. Eu realmente acredito que graças a *Prime Suspect*, a série [tem] um estilo mais realista. Ela [...] tem um sabor mais europeu e isso transparece no texto." Realmente, a série lembrava os thrillers nórdicos tão populares naquela época.

Mesmo não tendo nascido em Belfast, Gillian também sentia que a melancolia pungente da cidade afetava a série. "Definitivamente influencia", disse ela ao *Digital Spy*. "Espero que a série acabe revelando Belfast de outra forma. Nós mostramos bem a cidade, não temos apenas cenas internas. É uma abordagem realmente positiva em relação à beleza e a complexidade da cidade em vez de mostrar apenas a história e a política ligadas a ela. Ao filmar lá, em vez de Londres, você não vê as mesmas locações às quais está acostumado nas séries britânicas. Há também uma tensão que simplesmente existe, ela respira na cidade e acho que isso transparece na tela."

Gillian viu grandes paralelos entre os personagens dela e de Paul Spector, pois ambos são caçadores. "Ah, sim", comentou. "O intrigante é que não há uma diferença tão grande entre qualquer pessoa normal e alguém capaz de fazer algo como Spector — e isso é fascinante. Isso fica bem claro na forma de escrever e filmar a série, com as tramas paralelas. Acho que ela definitivamente sabe as motivações dele, e não é algo distante, é bem próximo."

E não era só isso. Os dois personagens eram frios a ponto de serem totalmente indiferentes às emoções humanas, com Stella agindo de modo quase idêntico a Paul. Ela fica fascinada por uma tribo de mulheres chinesas que se escondem na floresta, não se casam e convidam homens para eventuais "noites doces" nas quais se encontram para fazer sexo, com a condição de que eles partam na manhã seguinte, sem qualquer expectativa de relacionamento. Um personagem pergunta à sexualmente voraz Stella: "Quem seria idiota a ponto de ir para a cama com um homem que acabou de conhecer?"

The Fall estreou na Grã-Bretanha em 13 de maio de 2013 na BBC2 e foi exibida nos Estados Unidos pouco depois via Netflix. No primeiro episódio. *Dark Descent*, o espectador vê Stella Gibson sair de Londres para Belfast a fim de investigar um assassinato, que ela logo percebe não ser o primeiro daquele criminoso. Um assassino em série está à solta. Ao mesmo tempo, Paul é mostrado trabalhando como terapeuta especialista em luto, desenhando retratos altamente inadequados da paciente que estava aos prantos por ter perdido um filho e levando uma vidinha comum com a mulher e os dois filhos até invadir a casa de uma advogada e deixar peças de lingerie na cama. Apavorada, ela chama a polícia, que investiga e não encontra problema algum, supondo incorretamente não haver nada de errado, pois ela tinha bebido e estaria confusa. A própria mulher pede que a polícia vá embora, mas ao acordar vê uma casca de laranja deixada por Paul, que tinha comido a fruta em sua cozinha. Sabemos que uma tragédia está por vir, e ela realmente acontece.

Críticos e espectadores amaram *The Fall* desde o início. "Por que a série prende tanto a atenção?", perguntou David Thomson na *New Republic*. "Acho que é por ser inovadora. Gillian Anderson disse o mesmo numa entrevista promocional. Foi o que lhe deu vontade de participar da série, na verdade. Há uma semelhança oculta entre Stella e Paul Spector, o assassino, que começa nos hábitos: os dois são atléticos (ele corre, ela nada), solitários e intelectuais, cuja crença na inteligência faz com que sejam inalcançáveis e misteriosos. Ambos adoram o ritual da preparação. Quando vemos Stella pela primeira vez, ela está se arrumando para ir à Belfast e tira o creme de limpeza do rosto. Paul age da mesma forma: atrás de uma máscara."

Willa Paskin concordou em seu texto para o *Salon*: "*The Fall*, série policial da BBC em cinco episódios que estreou no Netflix semana passada, é uma espécie de compêndio do que é bacana na TV contemporânea: assassino em série atormentado, protagonista feminina complexa, cenário específico e rico, bem como o ritmo lento que prioriza a psicologia e os personagens em vez da resolução do crime", escreveu. "Como tantas outras, suas principais influências são as versões originais de *Prime Suspect* e *The Killing*. Ela pega todos esses clichês e os transforma numa série assustadora, cheia de classe e engenhosa, tão completamente atual que nem importa o fato de não ser tão boa quanto poderia: ela parece e dá a sensação de ser ótima, a salada de repolho das séries policiais. E eu comi até ficar cheia."

"É uma excelente série, que se baseia na tensão gradual em vez do choque sangrento de concorrentes como *The Following*, e o arco de cinco episódios que agora está no Netflix merece ser visto se você não se cansou dessa dinâmica de jogo de gato e rato. Por outro lado, se você está assistindo a mais de dois seriados com assassinos em série e acredita que precisa de algo mais, deve se perguntar o que isso diz a seu respeito", escreveu um irônico Neil Genzlinger no *New York Times*. "De qualquer modo, a Sra. Anderson é Stella Gibson, investigadora da polícia chamada para lançar um novo olhar sobre um caso não solucionado de assassinato em Belfast, Irlanda do Norte [...] Enquanto a investigação progride, temos vislumbres do assassino, Paul Spector (Jamie Dornan), terapeuta especializado em luto com uma vida aparentemente idílica — mulher carinhosa, dois filhos lindos — e um lado excessivamente sombrio. Ele não mata apenas: estuda e persegue as vítimas cuidadosamente, coleciona souvenires e arruma os corpos em poses. Todos os lados deste jogo da lei *versus* o criminoso são meticulosos."

"*The Fall* certamente merece todos os elogios. Sempre cativante, atmosférica, intensa e sombria. No geral, as atuações são boas e a série mostra plausibilidade na natureza e nos motivos por trás dos assassinatos, o que é bastante animador", escreveu David Hynes no What Culture.com.

"Um suspense incrivelmente assustador, moldado pelo feminismo e pela sexualidade sem concessões da heroína", foi o veredito de Caryn James no *Screens*. "O trabalho de Anderson é afiado como a língua da sua personagem, numa série mais inteligente e rica que a maioria do que se vê por aí."

A crítica de Jose Solis Mayén no *PopMatters* também foi empolgada: "A intenção de *The Fall* de revelar a perigosa ligação entre sexo e morte não só é audaciosa como infinitamente sedutora." Não havia como negar: a série fez um imenso sucesso, e Jamie tinha provado de vez que podia atuar.

The Fall continuou com seus toques incrivelmente hábeis. A filha caçula de Paul, a quem ele é muito ligado, tem uma série de pesadelos horríveis, talvez causados pelo fato de sentir (mesmo sem entender) a monstruosidade do pai. Durante a noite, a menina também usa um colar dado por Paul, levando a avó a dizer que o acessório poderia estrangulá-la (o método usado por ele para dar cabo de suas vítimas). "Não é um sonho", ela diz à mãe, acrescentando que viu uma moça sem roupa no espaço acima da sua cama (onde o pai guarda o seu caderno macabro). E por aí vai.

No último episódio (não continue a ler se não quiser saber o final da temporada), o passado de Paul começa a surgir. Ele passou a infância em abrigos para menores, não tendo amigos e nem família. Resta apenas a esposa — para quem ele precisa mentir, dizendo que estava tendo um caso para mostrar que ela jamais conseguiu conhecê-lo do modo que a maioria das pessoas conhece os outros, isto é, através do relacionamento com os familiares. "Isso me dá medo", diz ela. "Não tenha medo", responde o marido assassino.

Enquanto isso, ele e Stella enfim se encontram pessoalmente: não só ocorre uma atração óbvia e mútua como há uma dose de identificação entre os dois. Eles são o lado bom e o lado mau da mesma moeda. O jogo de gato e rato que vinham fazendo ao longo da série vira algo muito pessoal. O pai de uma das vítimas fez um apelo na televisão para que o assassino da filha se entregasse: se ele der fim aos atos terríveis e se arrepender dos crimes anteriores, terá "uma conversa a sós" com o pai da vítima. Porém, o pobre homem desmaia e não consegue continuar. Stella lê o discurso original enquanto Paul assiste a tudo pela TV. Mas quando ela lê a parte sobre a conversa, o assassino supõe que o encontro será com ela.

Quando os dois finalmente se falam, Paul destaca as semelhanças entre eles. Ambos são determinados, querem poder e controle, diz ele. Mas enquanto ela estaria presa às convenções, ele seria "livre".

"Como você pode ser livre?", pergunta Stella, argumentando que ele é fraco, impotente, "escravo dos próprios desejos". "Você se acha algum tipo de artista, mas não é." Os dois alternam provocações e alfinetadas mútuas. É quase um flerte ao contrário.

Tudo isso acontece num pano de fundo bem típico de Belfast. A trama secundária mostra uma história de corrupção policial (na verdade, não fica claro até que instância da hierarquia chega a sujeira) e uma quase revolta acontece quando um assassinato e uma tentativa fracassada de assassinato acontecem numa das áreas mais perigosas da cidade, indicando que os Troubles ainda não acabaram.

A série termina de modo ambíguo, com Paul e a família viajando em busca de uma nova vida. Como poderia ser diferente? Àquela altura, a BBC percebeu que tinha um imenso sucesso nas mãos e encomendou a segunda temporada antes mesmo do término da primeira. Por isso, eles permitiram a fuga de Paul: se ele tivesse sido capturado, o drama se esgotaria. Assim, tudo ficou no ar.

"De um belo começo a um final absolutamente impressionante", escreveu Gerard O'Donovan no *Daily Telegraph*. "Mesmo depois do gancho de roer as unhas da semana passada, eu esperava que o último episódio de *The Fall* tivesse um final assustador, porém convencional, típico dos dramas policiais, com o assassino na cadeia, as crianças dormindo e o mundo voltando a ser um lugar seguro e confortável. Eu não poderia estar mais errado. Em vez disso, houve um desfecho emocionante, de ten-

NINGUÉM SABE O QUE SE PASSA NA CABEÇA...

são lenta e brilhantemente construída, com a fria super-policial Stella Gibson (Gillian Anderson) chegando mais perto do assassino em série cada vez mais louco Paul Spector (Jamie Dornan), mas ele acaba fugindo, exatamente como Hannibal Lecter, saindo livre para nos aterrorizar novamente."

A série foi uma proeza e tanto para todos os envolvidos e criou (no momento certo, por sinal) um novo astro de primeira grandeza. Quando Jamie percebeu que agora era realmente respeitado, começou a meditar sobre a própria técnica, inicialmente de modo tímido, como se não soubesse bem o salto que deu. "Eu não fazia ideia no começo, mas a forma de usar as mãos virou um jeito de interpretar a consciência de Spector", disse ele à revista *Interview*. "Você vê a diferença no jeito de lidar com a família, os filhos e a forma de lidar com as outras coisas da vida dele."

E como ele criou um personagem tão monstruoso? "Boa parte já estava pronto, no texto e na mente [do criador de *The Fall*, Allan Cubitt]", continuou. "A profissão, a família e a vida que ele deu a Spector — eu só estou tentando interpretar isso. O assustador é a normalidade de tudo. Ele é um terapeuta especializado em luto, por incrível que pareça. E tem uma esposa e dois filhos a quem, acredito eu, ama. Allan provavelmente diria que Spector é incapaz de ter esse sentimento e, portanto, não sente amor pelos filhos. Eu discordo um pouco disso. Diria que ele tem um tipo diferente de amor, especialmente em relação à filha. De certa forma, não acho que ele seja um marido tão ruim assim. Ele pode ser um tanto triste. E é uma loucura falar isso, quando você vê o que faz, mas eu realmente não acho que isso refuta as qualidades dele como marido e pai. Acho que ele tem qualidades, apesar de caçar e matar mulheres inocentes. É tudo bem sórdido, mas quero mostrar o quanto esses caras podem ser normais."

Obviamente isso contribuía para a interpretação dele ser tão assustadora. Mas Jamie conseguia encontrar pontos positivos em Paul. "Não chegaria a ponto de dizer que 'gosto' dele", comentou. "Não acho que algum dia vá interpretar um personagem pelo qual não tenha algum tipo de afeto ou que não tenha nenhum ponto positivo para mim. Não sei se farei alguém ainda mais terrível que Paul Spector, mas pode ser que aconteça, e só interpretarei o personagem em questão se achar alguma coisa um pouco aceitável nele. Apesar de todos os atos horrendos que ele comete, há algo pelo qual tenho afeto no personagem de Spector — e muitas dessas características que admiro, ele usa para fins detestáveis. Eu gostaria de ser tão detalhista e eficiente quanto ele.

NINGUÉM SABE O QUE SE PASSA NA CABEÇA...

Acho que você deve aprender algo com cada personagem que interpreta. Você tem de levar algo como ator, como pessoa." Jamie não só fez isso como tomou o papel para si. E o próximo passo? A segunda temporada de *The Fall*, é claro, mas ele agora estava no caminho invejável com o qual todo ator sonha: poder escolher seus papéis dali em diante, em vez de aceitá-los apenas para pagar as contas.

10 NASCE UMA ESTRELA

A vida de Jamie mudou radicalmente. A capacidade de interpretar um monstro que também era pai de família o lançou ao estrelato internacional de uma forma que muitos atores sonham, mas poucos conseguem. E o momento não poderia ter sido melhor: *The Fall* estreou na primavera de 2013, exatamente quando os produtores de *Cinquenta tons de cinza* discutiam quem seria escalado para o filme que certamente seria o grande sucesso do ano. O nome dele ainda não fora cogitado, mas Jamie tinha se mostrado capaz de interpretar um homem taciturno com um passado problemático e uma profundidade que incendiava a tela. *The Fall* não era exatamente um teste para o papel mais sexy do cinema em muito tempo, mas definitivamente não diminuiu as chances dele.

NASCE UMA ESTRELA

Os colegas também adoravam falar de Jamie, até porque viram a mudança de status que a série representou para o rapaz: estava acontecendo bem diante dos olhos de todos. Quando anunciaram o elenco de *The Fall*, Gillian era a grande estrela, e embora inquestionavelmente tenha se mantido assim, viu de perto o estouro de Jamie. E, assim como os outros colegas de elenco, ela deixava bem claro que, na vida real, Jamie era totalmente diferente do personagem que interpretava. Todos eram só elogios para ele.

"É um dos jovens mais adoráveis que conheci. Fico muito feliz por ele e pela família dele por todo esse sucesso [...] é um cara ótimo", disse ela ao *Belfast Telegraph* quando surgiram as especulações sobre a segunda temporada. "Jamie é o rapaz mais carinhoso e simpático que você pode conhecer e, não, ele não mudou nada. Claro que ele vai voltar, se todos voltarmos. Olha, se ele falar que não volta, eu vou lhe dar um belo tapa na cara para fazê-lo mudar de ideia!"

Não havia a menor chance de isso acontecer. Como o próprio Jamie enfatizou, a maioria dos roteiros lidos pelos atores é um lixo e, se você recebe uma boa oportunidade, não deve deixar passar. Esse era um grande papel e era óbvio que ele não o perderia. Chega um momento para as pessoas bem-sucedidas em que elas pegam o embalo e a vida muda. Esse era o momento de Jamie.

Bronagh Waugh, intérprete de Sally Ann, a esposa de Paul, foi igualmente efusiva, esclarecendo que Jamie não era como o personagem, mas um homem muito bom e sociável. Quanto ao *sex appeal*... "As pessoas me perguntam isso o tempo todo", disse ela à revista *IN!* sobre como era interpretar a esposa de um assassino em série e também dar uns amassos em cena num ex--modelo da Calvin Klein. "Ele é apenas Jamie. Quando você é ator e está no set o tempo todo, é só trabalho. Esse interesse todo é estranho. Nossas cenas íntimas são os momentos menos íntimos de todos. Para começar, há umas quarenta pessoas no local. Eu me lembro de termos feito uma cena na banheira em que a água precisava estar parada, sem bolhas. Entrei na banheira e vi os ombros do Jamie fazendo assim (tremendo). Aí olhei para baixo e lá estava o meu tapa-sexo flutuando. Quando algo assim acontece, é a coisa menos romântica e sexy do mundo." E, de acordo com Bronagh, o fato de atuar com Jamie já estava ajudando a sua carreira. "Fui para um teste uma vez e acho que só me chamaram porque trabalhei com ele", continuou. "É uma coisa bem estranha e eu digo· 'Sim, mas você já viu a série? Gostou?'"

NASCE UMA ESTRELA

Enquanto isso, em Belfast, o pai de Jamie também percebia a mudança. Na região, o status era "o filho de Jim Dornan, Jamie, é ator", mas agora estava virando "o pai de Jamie Dornan, Jim, é um médico renomado". Não que Jim se importasse com isso: ele estava adorando o sucesso do filho, animado por Jamie estar indo tão bem. Mas não foi fácil vê-lo em seu papel mais recente. "Assisti [a Jamie em] *The Fall* e achei que ele estava ótimo, mas foi meio assustador ver meu filho interpretar um assassino", disse o médico ao *Irish News*, acrescentando o comentário de um espectador de que pelo menos "era um assassino que limpava sua cena de crime". Mas todos adoraram. Eles assistiram à luta de Jamie para estourar desde o começo, quando ele morava num barraco em Londres e tentava ganhar a vida como modelo. Agora, depois de muito trabalho, ele estava virando um astro. "Como família, estamos muito orgulhosos de Jamie. Ele é talentoso e pé no chão, graças à escola, aos amigos incríveis, à família e ao próprio esforço", continuou Jim.

E havia outras boas notícias a caminho. O casamento estava lhe caindo muito bem, dando a estabilidade da qual todo grande astro precisa se quiser ter uma vida minimamente normal. É importante manter os pés no chão, pois existe o risco de o fracasso vir tão rápido quanto o estouro. Era pouco provável que isso acontecesse a um homem tão afeito à autodepreciação quanto Jamie, mas outros com potencial para ser grandes astros sofreram com isso e, portanto, um relacionamento sólido era ainda mais importante.

Aumentavam as especulações sobre a gravidez da mulher de Jamie e, em junho de 2013, a madrasta Samina entregou o jogo. Por ser obstetra, ela era a pessoa ideal para fazer o primeiro exame de Amelia e foi o que aconteceu na clínica 3fivetwo Healthcare em Belfast, na Lisburn Road. "Jim e eu estamos mais felizes do que nunca, porque nosso terceiro neto está a caminho", disse ao *Belfast Telegraph*. "A primeira ultrassonografia foi uma experiência linda e emocionante para todos os presentes." Também foi uma bela mudança para Jamie. O mundo e a própria Amelia vinham enfatizando que ele e Paul Spector não tinham absolutamente nada em comum, mas para fazer o papel ele precisou entrar num estado de espírito bastante sombrio. O que poderia ser melhor para banir as lembranças disso do que a notícia da chegada do primeiro filho?

Nos bastidores, a família estava mais unida do que nunca. A irmã de Jamie, Jessica, agora era estilista e morava em Falmouth (algo muito apropriado, considerando que o irmão começou como modelo), enquanto a outra irmã, Liesa, morava em Londres e trabalhava para

NASCE UMA ESTRELA

a Disney. Liesa avançava rápido na carreira: depois de estudar na Glasgow Caledonian University e no Chartered Institute of Marketing (o que também é irônico, pois Jamie abandonou a faculdade de marketing), começou a trabalhar como gerente de marketing para a Ulster Weavers e depois virou gerente de licenciamento para o Reino Unido da Marvel Entertainment. Em seguida, foi para a Walt Disney Company, onde virou a primeira gerente de brinquedos para Europa, Oriente Médio e África, sendo promovida a gerente de franquia. Em outras palavras, exatamente a carreira que Jamie seguiria caso tivesse continuado os estudos em vez de ser modelo. As duas irmãs se orgulhavam do sucesso de Jamie tanto quanto o pai, embora elas também precisassem se adaptar ao fato de o irmão estar virando um grande astro.

Apesar de todos os elogios à sua atuação, Jamie ainda fazia alguns trabalhos como modelo. Embora eles talvez não lhe dessem a mesma satisfação que atuar, certamente ajudavam em termos financeiros. Mas será que o rapaz estava gostando do seu novo status? Sinceramente, quem não gostaria? Ele e Gillian deram uma entrevista à revista *Red*, incluindo um ensaio fotográfico bobo com os dois pulando usando trajes de gala. A química era óbvia. Eles praticamente não apareceram juntos em cena, apenas se cruzaram uma vez num corredor e se falaram num telefonema, mas, fora da tela, os dois obviamente se davam muitíssimo bem. Gillian ainda era percebida como a grande dama da atuação enquanto Jamie era o rapaz ingênuo, mas era visível que adoravam estar juntos e se alimentavam do talento um do outro.

A entrevista mais parecia um papo alegre. "Você lê muita merda", confidenciou Jamie sobre os papéis que lhe ofereceram. Em seguida, mencionaram que ele fez teste para interpretar um policial na série, quando alguém notou que poderia ser muito bom no papel principal. Contudo, as questões por ter começado como modelo ainda eram evidentes.

"Não sei se fui mais dispensado do que as outras pessoas, mas isso pode ter a ver com o fato de eu ter sido modelo. Geralmente me davam sempre os mesmos papéis", continuou ele. "É o personagem que beija uma garota a duas páginas do final e fica nisso. É tão raro aparecer um personagem bom para mim. Jamais imaginei que teria a chance de interpretar Spector. Nunca tinha trabalhado na TV britânica, e o primeiro papel ser tão bom quanto esse..."

"É, eles fizeram você ralar um bocado", comentou Gillian. "Mas acho que estava bem claro desde o início que você era a pessoa certa para o trabalho. Eu só acho que era uma questão de convencer os chefões. Já estive

NASCE UMA ESTRELA

na mesma situação, com as pessoas lutando para que eu pegasse um papel, mas convencer o estúdio de que você é a pessoa ideal exige algum esforço." Ela falava por experiência própria, pois ficou famosa como Scully quando ainda era bem jovem. Mas todo ator, não importa o quanto seja bom, precisa enfrentar uma boa dose de indiferença e ceticismo no começo e, no caso dela, não foi diferente. Esse foi outro motivo para os dois se darem tão bem: ela tinha enfrentado o mesmo que Jamie, mas agora como atriz completamente estabelecida, não o via como um competidor, dispondo-se a ajudá-lo e dar conselhos.

Obviamente, Gillian também se divertiu bastante com tudo. *The Fall* não apenas transformou Jamie em estrela: era uma excelente série de televisão que lhe deu um grande papel. Gillian, que agora mora no Reino Unido, tinha sido escalada para alguns programas de alto nível, especialmente *Great Expectations*, mas ela e todo mundo sabiam que *The Fall* se destacava. "Stella provavelmente é uma das minhas personagens favoritas", revelou. "Ainda não descobri como dizer isso sem pegar mal, mas acho que Stella é a personagem mais parecida comigo que já interpretei. É que costumo falar isso depois de dizer que a considero muito legal. Eu sei! Não pega muito bem, mas eu realmente gosto dela como mulher. Gosto mais dela como mulher do que de mim. Tem algo realmente legal nela." Na verdade, a atriz acertou em cheio: era exatamente isso que fazia Stella ser uma personagem tão cativante de assistir. E quanto ao fato de Gillian se identificar com ela — bom, o leve constrangimento pode ser devido à sexualidade voraz de Stella, embora também houvesse o fato de ter um cargo de chefia num mundo tipicamente masculino, conseguir assumir o controle da situação, ser competente e ter aquela qualidade levemente fria que indicava um fogo interior. Stella era uma personagem tão cativante quanto Paul e por vários motivos parecidos: ambos obviamente tinham algo a esconder.

Ouvir a conversa leve entre os dois durante a entrevista à *Red* foi muito instrutivo. Eles não só aprendiam um com o outro como também se ajudavam mutuamente. E ambos descobriram que, ao sair da zona de conforto, encontraram oportunidades que não teriam percebido antes. "Ser modelo não atrapalha em Los Angeles", disse Jamie, voltando ao tema de sempre. "Nessa cidade, eles não acham que você não pode atuar porque ficava encostado em paredes parecendo deprimido enquanto alguém tirava a sua foto. No Reino Unido, há um imenso estigma em relação a isso. Lá, você não pode viver de aparecer em fotos e atuar ao mesmo tempo."

NASCE UMA ESTRELA

"É tão estranho, porque a minha experiência é totalmente oposta", emendou Gillian. "Quando me mudei para cá, me ofereceram *Bleak House*, algo muito diferente de tudo que já tinha feito. Nem em um milhão de anos eu teria um papel como aquele nos Estados Unidos. Aqui havia uma crença de que, mesmo tendo interpretado Scully, eu também poderia fazer um drama de época. Queria dizer a eles: 'Por que vocês acham que consigo fazer isso?'"

"Mas Scully é uma personagem interessante para caramba, numa série de grande sucesso em que você estava realmente sensacional", disse Jamie, obviamente incapaz de abrir a boca sem ser encantador e fazer elogios. "Então foram nove anos sendo constantemente incrível como atriz, enquanto eu passei nove anos encostado em paredes. E isso foi muito bom para mim, embora tenha me prejudicado como ator."

"Basta pegar alguns trabalhos como *The Fall* e isso vai mudar", garantiu Gillian, que obviamente tinha razão. A eterna insegurança de Jamie quanto ao passado de modelo não era aleatória: ele realmente precisou enfrentar o preconceito de quem não achava possível ir de uma profissão para outra. Ele ainda mal podia acreditar que esses dias acabaram e que o público mudou totalmente a percepção que tinha dele.

175

Gillian também tinha suas questões, consideravelmente mais práticas do que a angústia sentida pelo seu colega de elenco. Ela precisava viajar constantemente entre Londres e Belfast para gravar a série, mas o fato de aceitar fazer isso atestava a qualidade do roteiro. "É uma questão de cronograma, planejamento e do que estou no clima para fazer", continuou. "Para mim, tudo gira em torno do planejamento. Mas com esse trabalho, quando percebi que tinha me apaixonado por ele e estava determinada a fazer com que tudo desse certo, havia formas de ceder. É também uma questão de escolher algo inédito. Vejo atores que fizeram sessenta filmes iguais e penso: como eles conseguem dar as caras para trabalhar? Se percebo que estou fazendo algo que já fiz antes, isso me tira do sério." Jamie ainda não precisou enfrentar esse tipo de problema, mas mesmo assim, os papéis que ele interpretou até agora foram tão diferentes que pareciam um bom sinal quanto às escolhas futuras dele.

A revista *Red* estava ansiosa para saber sobre as filmagens nas locações: eles disseram que era ótimo quando se encontravam, mas, na verdade, aquilo quase nunca acontecia. Jamie não teve nem a oportunidade de mostrar a cidade de Belfast para Gillian, basicamente porque ela quase nunca estava lá em dias de folga — ou

NASCE UMA ESTRELA

estava estudando no hotel ou voltando para a família em Londres. Ela admitiu ser meio eremita. Jamie, por sua vez, adorava estar em casa. Era uma oportunidade rara de misturar negócios e prazer, a vida profissional com um período na cidade onde nasceu, e isso foi possível durante as filmagens.

"Para mim, foi uma experiência bem diferente", disse ele. "Meu pai está lá, alguns dos meus melhores amigos do mundo estão lá. Tive um apartamento no meio da cidade por três meses. E nunca morei em Belfast, porque cresci nas proximidades, então vivi a cidade de um jeito diferente, acordando e saindo para tomar um café e ler os jornais no dia de folga. Nunca tinha feito isso, então adorei. Também é bom não precisar repetir o que falo por causa do sotaque!" Era certamente algo inédito para Jamie — em todos os papéis que interpretou até agora foi preciso esconder o sotaque da Irlanda do Norte, mas nesse caso era um bônus, pois ele era da mesma cidade do personagem que interpretava.

Mas isso não iria durar muito tempo. Logo o destino o levaria a adotar a entonação de Seattle, pois Jamie estava prestes a ser escalado como Christian Grey.

Conforme mencionado anteriormente, ele retomou o personagem em *Once Upon a Time* por um episódio e, independentemente de ter desejado ou não sair da série, a verdade é que agora ele não poderia mais voltar nem se quisesse, pois estava muito ocupado.

Enquanto isso, do outro lado do Atlântico, em Los Angeles, os produtores do estúdio pareciam um tanto surpresos pelos imprevistos, mas felizes pelo seu protegido mesmo assim. "Ano passado foi fantástico tê-lo de volta nas gravações de *Welcome to Storybrooke*", disse o produtor-executivo Edward Kitsis ao AccessHollywood. com. "Ele é nosso amigo, amigo da série e infelizmente esse ano foi direto do filme para *The Fall...*"

"É engraçado [...] O papel dele sempre foi concebido como aquele arco de sete episódios na primeira temporada [...] com a esperança de podermos trazê-lo de volta de vez em quando, como fizemos", acrescentou Adam Horowtiz. "Mas [...] é gratificante que todos estejam reagindo tão bem ao talento dele."

Mas como ele poderia ter voltado? "Pergunte de novo após o final da temporada", disse Kitsis. "Então vamos dizer exatamente o que gostaríamos de fazer, e aí você vai ficar muito frustrado porque não conseguimos e vai ficar com a mesma cara de tristeza que estou agora."

"Sentimos muita falta dele", comentou Adam.

"Estamos muito felizes por ele", acrescentou Horowitz.

"Para ser sincero, gostaríamos de receber o crédito por isso", brincou Kitsis. "Somos os maiores fãs dele."

NASCE UMA ESTRELA

"Estamos muito, mas muito felizes por Jamie", continuou Horowitz. "Obviamente [...] nós adoraríamos tê--lo de volta algum dia, se ele quiser voltar, mas Jamie está bastante ocupado agora — e isso é merecido. Ele é muito talentoso."

Sem dúvida, embora, com esse nível de fama, Jamie precisaria aprender a lidar com o assédio crescente.

11 DEPOIS DE *THE FALL*

O ano de 2013 estava indo muito bem para Jamie. A relação com Keira fora esquecida agora que Jamie estava casado e ela também subiu ao altar com o namorado James Righton, tecladista da banda de rock Klaxons, e os elogios por *The Fall* ainda reverberavam. O próprio Jamie estava ciente da sorte que teve: "Era um risco, e eu tinha plena consciência disso", disse ele ao *Times*. "Nunca tinha protagonizado nada, nunca tinha trabalhado na TV britânica, nunca tinha aparecido na TV britânica, exceto por um programa americano que foi exibido aqui, então eu tenho certeza de que não estava na lista final de ninguém quando começaram a pensar no elenco. Duvido que estivesse até na lista inicial, para ser sincero."

DEPOIS DE *THE FALL*

Ele também tinha conquistado o que queria. Após as filmagens, mas antes da estreia de *The Fall*, Jamie deu uma entrevista ao *Sun*, na qual surgiu o constante problema de ser um modelo que passou a atuar. "Pouquíssimas pessoas que assistem aos dramas da BBC saberiam que eu era modelo", disse. "Se você faz trabalhos demais como modelo, tem um estigma associado a isso. Sempre quis ser ator, mas outras coisas acabaram surgindo. Isto não chega nem perto de qualquer papel que eu já tenha feito. Estou doido para que a série seja exibida, porque acho que pode mudar um pouco as coisas." Acabou mudando completamente. Ninguém mais ousaria perguntar se ele era apenas mais um rostinho bonito.

E a série também transformou a vida de outras pessoas. A atriz irlandesa Séainín Brennan, cuja carreira anterior foi na política europeia, fez um papel secundário em *The Fall*: era a mãe enlutada a quem Paul tenta ajudar como terapeuta especializado em luto, colocando-a em risco de se envolver na violência sectária. "*The Fall* foi incrível de várias formas", disse ela ao *Daily Mirror*. "Eu interpretei Liz Tyler, enquanto Jamie Dornan era o assassino em série Paul Spector e Gillian Anderson era a detetive Stella Gibson. Foi o papel mais desafiador que fiz na TV até hoje, mas adoro o fato de entrar numa área tão difícil na vida real. Minha personagem perdeu o único filho por um erro médico, e a série começa três semanas depois da morte da criança, naquele momento em que o mundo se cala, a campainha para de tocar e as pessoas não telefonam mais. Todos dão espaço para reorganizar a vida, mas ela está desesperada de dor. Então Liz procura conforto em Paul Spector, mas não faz ideia de que ele é um assassino. Spector, por sua vez, começa a desenvolver uma relação profissional nada saudável com Liz, que está totalmente vulnerável. No primeiro episódio, ela começa a levar o espectador a uma verdadeira montanha-russa emocional. A personagem está profundamente traumatizada por viver o período mais difícil da vida. O roteiro era muito real, isso me chamou a atenção e não consegui tirá-lo da cabeça. Como atriz eu preciso que haja verdade num roteiro para interpretá-lo. E, nesta série, eu me baseei nas experiências de duas pessoas queridas que enfrentaram esta horrível tragédia na vida real."

O roteirista Allan Cubitt, que já trabalhou em *Prime Suspect*, também foi muito elogiado por ter criado este personagem tão sombrio para Jamie, o que foi motivo de várias perguntas. "Para mim, ele não é psicótico", contou ao *Daily Telegraph*. "Acho que é um personagem de extremos. Graças a Deus, minhas fantasias são bem diferentes, mas entendo como é ter uma vida de fantasia.

DEPOIS DE *THE FALL*

Sou roteirista. E também sou homem." Então haveria alguma relação entre as fantasias dele e a série? Foi uma pergunta constrangedora, que Allan respondeu com bravura. "É algo bem estranho de responder", disse. "Fico feliz de dizer que não sou dado à violência, mas sou obcecado pelas pessoas. O mais perto que chegaria de um comportamento insano é ser dominado por algum amor romântico que deu muito errado. Os momentos em que tive mais ciúme provavelmente foram os meus piores momentos, quando jogo coisas em janelas ou tento derrubar portas..."

A BBC lucrou muito com a série: foi o drama de maior audiência em cinco anos no canal BBC 2, com 15% da audiência total — ou 3 milhões e meio de espectadores. O chefe da dramaturgia na Irlanda do Norte, Stephen Wright, se disse "empolgadíssimo" com a notícia, enquanto Ben Stephenson, *controller* do setor de dramaturgia na BBC, chamou a série de "obra televisiva excepcionalmente bem-feita".

Os únicos que não gostaram muito, surpreendentemente, foram alguns atores da Irlanda do Norte. Drew McFarlane, o organizador nacional da Equity para a Irlanda do Norte e Escócia, não ficou satisfeito. "Temos uma série incrível em *The Fall*, mas veja o elenco: a maioria dos atores, até os irlandeses e irlandeses do norte, moram em Londres", reclamou. "Os atores que escolhem morar na Irlanda do Norte só conseguem papel de figurantes. Os locais não têm a menor chance, pois o processo inicial de escolha e os testes de elenco são feitos em Londres antes que a produção chegue à Irlanda do Norte. Quando isso acontece, todos os locais ganham papéis secundários. Entendo o argumento de que é preciso ter um rosto conhecido nos papéis principais, mas o elenco inteiro? Os atores daqui precisam de oportunidades para fazer bons dramas na televisão em vez de trabalhar apenas três meses por ano no teatro Lyric. Houve um êxodo de atores da Irlanda do Norte porque eles não conseguem viver e trabalhar lá. O êxodo total teria um efeito indireto em todos os aspectos culturais da Irlanda do Norte. Uma emissora pública financiada pelos contribuintes deveria fazer algo em relação a isso."

Foi uma rara nota dissonante, embora não tenha sido a única: alguns críticos expressaram inquietação com a violência explícita nas cenas de assassinato. E também houve críticas por Jamie ser tão bonito e atraente no papel que o espectador quase fazia vista grossa ao fato de o personagem ser um assassino violento e brutal. Sem dúvida, os criadores da série foram o mais longe possível com a violência e, para alguns, eles passaram dos limites.

DEPOIS DE *THE FALL*

No entanto, Ben Stephenson ficava mais feliz a cada semana, mal conseguindo se conter quando chegou a hora de anunciar a segunda temporada: "*The Fall* se mostrou um sucesso de crítica e público para a BBC 2 e marcou a volta das séries dramáticas ao canal", explicou. "Como haverá mais revelações envolventes na trama de Allan Cubitt através dos desempenhos cativantes de Gillian e Jamie, a segunda temporada é obrigatória. Obviamente, não podemos entregar muito, pois o primeiro ano está indo para um gancho emocionante, mas podemos dizer que será tão surpreendente e intensa quanto a primeira."

Allan também estava exultante. "A BBC vem dando um apoio imenso a este projeto e trabalhar com a BBC NI e o Artists Studio vem sendo a melhor experiência da minha carreira", disse. "Sempre imaginei a volta de *The Fall* e gostaria de parabenizar tanto Gillian Anderson quanto Jamie Dornan, que interpretaram seus papéis com perfeição."

Allan também revelou que a inspiração para Paul Spector não foi Ted Bundy, mas o assassino depravado chamado Dennis Rader, que matou dez pessoas em Wichita, Kansas, e fugiu da justiça por quase quarenta anos. "Sim, Spector é Rader, até certo ponto", disse ele ao *Sunday Times*. "Eu estava lendo um livro [*Bind, Torture,*

Kill: The Inside Story of BTK, the Serial Killer Next Door], escrito por jornalistas que cobriram o caso Rader em Wichita. Ele era um assassino que amarrava, torturava e matava suas vítimas, assim como Spector. Gostei da ideia de ambos morarem em cidades menores, com cerca de 500 mil habitantes, onde supostamente seria mais fácil pegar um assassino em série. Também queria que Spector fosse um cara aparentemente normal. Gostei da normalidade dele e de Rader. O personagem era casado e tinha dois filhos, como Rader, e tinha um trabalho de relativa responsabilidade."

O Rader da vida real matou entre os anos de 1974 e 1991, quase sempre por sufocamento ou estrangulamento, e foi preso após mandar uma carta à polícia. Ele foi condenado a dez sentenças de prisão perpétua (que ainda cumpre), sem possibilidade de liberdade condicional. Como Spector, Rader era um suspeito improvável: casado, com dois filhos, presidente do conselho da Igreja Luterana Cristã, ajudava os vizinhos e trabalhava para uma empresa de segurança, instalando alarmes para pessoas apavoradas com as histórias do assassino que andava entre elas.

"O que me intriga em alguns assassinos em série é que eles costumam ser arrogantes, acham que vão conseguir cometer os crimes e sair impunes", disse Allan.

DEPOIS DE *THE FALL*

"Eles também têm mania de grandeza. Os que não são psicóticos, como Spector e Rader, sabem a diferença entre o certo e o errado até determinado nível. Uma das coisas fascinantes sobre o livro era contar o primeiro ataque do ponto de vista do assassino. Então comecei a ter uma ideia, uma ideia bem simples, de identificar o assassino desde o início, e foi o que fizemos [...] Então definitivamente não é um caso clássico de histórias de investigação, do tipo 'Quem matou?'. Não há necessidade de falsos suspeitos, você sabe quem é o assassino. O interesse era ver como ele agia e a forma pela qual manipulava as vítimas, a família e a polícia."

A chuva de elogios para Jamie continuava. O *Sunday Times* perguntou a ele sobre as consequências de ser reconhecido: "Fico um pouco preocupado", admitiu. "Olha, eu nem sou muito reconhecido, mas fico um pouco ansioso sobre o jeito como as pessoas vão me abordar. Porque se você vê alguém sendo assustador na televisão, automaticamente supõe que a pessoa é assim na vida real."

Contudo, ele não perdeu o senso de humor. Casado recentemente com Amelia, os dois assistiram à série juntos, algo que poderia ser difícil para ela. "Minha esposa ainda não tinha visto o terceiro episódio, então nós assistimos outro dia", revelou Jamie. "Ela ficou meio desconfiada comigo por uma meia hora depois do final.

Precisei reconquistar a confiança dela. É interessante. Eu não tinha percebido que era capaz de passar uma impressão tão sombria. Durante os testes para o papel, todos devem ter visto essa escuridão em mim. Mas mesmo assim eu não tenho certeza se a vi. Basicamente isso devia estar dentro de mim, o que é meio preocupante. Na verdade, tenho um pouco de dificuldade [para assistir]. Nós não filmamos em ordem sequencial. Quando você vê tudo editado e a proximidade do que ele faz em casa com os filhos com seus atos à noite, que realmente o excitam, eu tenho dificuldade. Entendo por que algumas pessoas acham difícil de ver."

Apesar do sucesso, Jamie continuava se aborrecendo por ter sido modelo. "Eu diria que é algo com que vou lutar sempre", explicou. "Não há o menor problema se um ator vira modelo e faz campanhas, mas se um modelo vira ator, instantaneamente dizem: 'O que ele está tentando fazer? Que idiota. Ele com certeza não sabe atuar.' Mas, olha, se eu visse uma entrevista comigo e lesse 'modelo que virou ator', falaria: 'Meu Deus, quem é esse cara, p****? Por que ele acha que pode atuar?'"

Mas Jamie calou a boca dos críticos. "Acho que é a afirmação", disse o rapaz, claramente tendo dificuldade para admitir o seu excelente trabalho. "Vai haver muita gente que, não importa o que eu faço, não vai me aceitar

DEPOIS DE *THE FALL*

como ator porque trabalhei muito como modelo. Também vão existir pessoas — Meu Deus, eu conheço algumas — que sempre vão falar: 'Esse cara é um modelo tentando atuar.' Mas é um começo. Ninguém pode tirar isso de mim. Eu fiz isso e o trabalho existe, então eu devo ser... Tenho orgulho da série, tenho mesmo. Mas não vou tão longe a ponto de dizer que tenho orgulho de mim mesmo."

Jamie estava cada vez mais dividido: por um lado, a carreira de modelo rendia muito dinheiro e servia de plataforma para o estrelato maior; por outro, ele sentia que isso o atrapalhava. E havia mais uma questão: se ele criticasse a indústria da moda, estaria cuspindo no prato em que comeu. E não havia como negar o fato de todo papel exigir que ele tirasse a camisa logo de cara, levando às inevitáveis comparações com a carreira anterior.

Graças à personalidade tranquila e agradável, Jamie enfrentava a situação com facilidade e calma sempre que surgia. "Cara, isso não me empolga", disse ao *Sunday Times*, andando cuidadosamente numa linha tênue ao dizer que passou dessa fase sem criticar quem contratou seus serviços no passado (e, de vez em quando, ainda contratava). "Respeito demais a indústria e a acho ótima. Tenho até um pouco de orgulho do que fiz. A verdade é que você tem contas para pagar e esse trabalho me ajudou muito. Mas eu sempre, sempre soube que queria sair. Acabei trabalhando demais nessa área e isso me prejudicou. Ao fazer campanhas grandes e de alto nível, dessas que não são apenas 'alguém tirou a foto dele', você vira parte de uma marca. Com a Calvin Klein foi assim. Então há o risco de isso ficar na cabeça de muita gente. Acho que vou lutar constantemente contra esse rótulo." Ele precisava lidar com o tipo de obsessão com a aparência mais comumente reservado às mulheres. Os redatores de manchetes estavam se divertindo, e títulos como "Se a aparência matasse" e "O outono chega para Jamie" — um trocadilho com o nome da série *The Fall*, que significa "outono" em inglês — não deixavam ninguém esquecer o que Jamie fez no início da carreira.

Esse pareceu ser um período cheio de angústia para o rapaz. Não só ele ainda se incomodava em relação ao passado de modelo, como se preocupava com o que levou a ser escalado em *The Fall*. Originalmente, Jamie fez teste para o papel de policial e agora parecia aflito quanto a ser mais adequado ao papel de maníaco. "Bateu um medo", explicou. "Devo me ofender porque, seja lá o que fiz naquela sala tentando interpretar um detetive, eles viram o assassino em série em mim? Isso é um elogio? Aí veio o medo propriamente dito: vou ser demitido na

DEPOIS DE *THE FALL*

hora do ensaio, e eles vão perceber que fizeram uma escolha totalmente errada." Tudo isso demonstrava uma grande insegurança, talvez compreensível em quem estava se acostumando a ser um grande nome na indústria da atuação. Era como se a carreira de Jamie como ator estivesse andando na pista mais lenta e, subitamente, acelerou até a velocidade de um avião decolando. Ele precisou se adaptar, tanto à própria mudança de status quanto à reação que estava obtendo dos colegas.

De modelo da Calvin Klein a assassino em série foi uma mudança e tanto e também havia a constante tentativa de garantir às pessoas que ele não era como o personagem que interpretava. O calmo e descontraído Jamie, que tinha um senso de humor maravilhoso na vida particular e estava mais feliz do que nunca no papel de pai de família, temia que as pessoas o comparassem a um monstro. Ele não queria ficar marcado pelo papel. "Enquanto isso, eu gostaria de fazer algo completamente diferente", disse. "Ou, pelo menos, gostaria de interpretar alguém que não mata pessoas. Se possível, quero fazer algo leve. Por natureza, eu sou uma pessoa alegre. Gosto de me divertir, de rir. Então, num mundo perfeito, eu gostaria de fazer algo engraçado." É claro que ele estava prestes a chegar às manchetes ao assinar contrato para interpretar outro personagem perturbado, embora o personagem em questão não cometa assassinatos no seu Quarto Vermelho da Dor.

Os colegas pareciam igualmente dispostos a combater qualquer ideia de que Jamie fosse parecido com o monstro que interpretava. "Juro que o Jamie é uma das pessoas mais sinceras e pé no chão que já conheci na vida", disse Séainín Brennan ao *Mirror*. "Ele é muito legal e um ator bastante generoso. É o tipo de profissional com o qual você quer trabalhar. Eu realmente acho que quanto maior o astro, mais generoso ele é, como Philip Glenister quando trabalhei com ele em *Hidden*." Mas ela fez questão de deixar claro que o interesse no colega era apenas profissional. "Sim, Jamie é um homem muito bonito e um ótimo ator, mas eu tenho um namorado maravilhoso que é banqueiro", explicou.

A essa altura, a segunda temporada de *The Fall* já estava confirmada, mas os atores não estavam certos de como isso iria acontecer. Estava garantido que Jamie e Gillian voltariam, mas e o restante do elenco? A dúvida estava no ar. Séainín falou pelos outros atores e atrizes quando citou a incerteza: "Por enquanto, ninguém sabe quem volta", continuou. "Mas assim que li o roteiro da primeira temporada, soube que seria fenomenal. Não conseguia parar de ler. Além disso, tínhamos um elenco dos sonhos, e acho que esta é uma grande batalha em

DEPOIS DE *THE FALL*

qualquer projeto artístico. O interessante é que embora se passe na Irlanda do Norte, a série não fala dos Troubles, e sim de algo totalmente diferente. E agora está sendo vista em todo o mundo, o que é um sucesso incrível. Esperamos que a segunda temporada tenha as mesmas pessoas, mas quero ver independente disso. Só posso torcer para que eu participe, mas, se não for o caso, vou assistir mesmo assim."

Mais reconhecimento veio quando *The Fall* foi indicada a Melhor Série Dramática no National Television Awards. Gillian concorreu na categoria recém-criada de Melhor Detetive, e o *Irish Mirror* deu a Jamie o prêmio de Estreante do Ano.

Como o interesse nele não mostrava o menor sinal de diminuir, Jamie foi perguntado sobre seu método de trabalho. Em *The Fall*, houve muitos comentários sobre as formas pelas quais ele se expressava através dos gestos, e a revista *Interview* perguntou o que o lado físico de atuar significava para ele. "É um negócio difícil de definir, 'um ator físico'", respondeu. "Todo papel é físico de certa forma, mas, como espectador, eu não reajo bem a atores que fazem mais do que o necessário para contar uma história. Fico realmente desconcertado e irritado com isso. De vez em quando um ator me impressiona ao fazer algo realmente inesperado, como Mickey Rourke ou Christopher Walken. Você não tem a menor ideia do que eles vão fazer, o que é fascinante de assistir. E também existem atores que pensam ter o mesmo talento de Mickey Rourke ou Christopher Walken e só parecem muito ocupados. Fazem um monte de coisas, mas não conseguem simplesmente ficar lá e dizer as falas, o que contaria a história de um jeito muito mais agradável para mim."

Isso era especialmente importante ao interpretar personagens complicados em termos psicológicos, e Jamie já pensava em como poderia aplicar isso na segunda temporada de *The Fall*. "Eu me vejo abordando o trabalho de um jeito meio 'menos é mais'", disse. "E uma vez que você se envolve em algo, depois de enfrentar as primeiras semanas, as coisas realmente loucas ou nobres começam a acontecer. Na segunda temporada de *The Fall* vão acontecer mais coisas com ele do que eu tinha planejado. Já se passaram dois anos — eu não fiquei na mente dele todo esse tempo, não se preocupe —, mas quando estou lá, realmente me sinto confortável no papel e isso só pode levar a coisas extraordinárias."

Jamie virou um daqueles raros atores que trabalham bem tanto em cinema quanto na televisão. Como ele concilia tudo? Afinal, muitos acreditam que são estilos de atuação diferentes e também há muitos astros e

DEPOIS DE *THE FALL*

estrelas que são populares e atuam bem na TV, mas que nunca alcançam o sucesso nos cinemas. Como ele se sente em relação a isso? "Abordo os dois trabalhos da mesma forma", disse Jamie à *Interview*. "Acabei de assistir a *True Detective*, mas não vi a série pensando que Matthew McConaughey e Woody Harrelson estavam atuando para a telinha. Só achei que eles foram brilhantes e tiveram atuações fantásticas. Às vezes, os atores são atraídos para a televisão de qualidade porque você tem mais tempo para trabalhar, para criar um personagem e contar uma história — e isso é realmente atraente."

Cada aparição que ele fazia era observada, cada palavra analisada. Jamie estava lidando bem com o assédio, mas até ele deve ter ficado surpreso com as curiosidades ligadas ao seu nome. Quando as pessoas começam a ficar muito famosas, tudo o que dizem e fazem é dissecado, e ele não era exceção a esta regra. O *Sunday Times* tinha uma seção de moda masculina chamada "Não saio de casa sem...", para a qual ele foi entrevistado: "A Sunspel faz as melhores cuecas boxer, que eu vivo usando. Na verdade, só recentemente descobri que eles também fazem roupas", disse Jamie, voltando aparentemente sem esforço ao estilo modelo. Perguntaram a ele qual seria o trabalho ideal: "Se eu pudesse abrir uma loja, seria metade loja de brinquedos antigos, como a Cheshire Cat, em

Hillsborough, na Irlanda do Norte, e metade loja de produtos para pregar peças nos seus amigos", disse ao *Times*. "Essas eram minhas lojas favoritas na infância e todo mundo precisa de pelo menos uma flor que jorra água."

Enquanto isso, a carreira de ator continuava a se desenvolver. Em julho de 2013 foi anunciado que Jamie faria um drama histórico passado na era da Restauração: "*New Worlds* é uma minissérie dramática empolgante em quatro partes que captura os problemas políticos do período após a Guerra Civil inglesa, tanto no âmbito interno quanto externo", disse o chefe de dramaturgia do Channel 4, Piers Wenger. "A minissérie atraiu um elenco diversificado e brilhante, e estamos ansiosos para ver o trabalho deles no ar."

Ele também estava ficando rico, com propriedades em Notting Hill e Cotswolds. Ao ser lembrado de uma entrevista que dera há anos sobre Keira, na qual falava que não conseguia se igualar a ela na época, Jamie, agora uma celebridade de primeira, pareceu surpreso com sua versão mais jovem. "Eu falei isso?", perguntou, e realmente teria sido uma falta de educação atípica de alguém geralmente considerado muito gentil. Mas Jamie não se preocupava com isso agora. Afinal, ele iria conquistar novos mundos...

12 *NEW WORLDS*

Jamie continuava a alternar trabalhos entre cinema e TV e, sem dúvida, estava se mostrando versátil. De modelo ao Caçador dos contos de fadas, seguido por assassino em série e, agora, recentemente anunciado como um herói romântico com uma infeliz tendência ao sadomasoquismo em *Cinquenta tons de cinza*. Antes disso, porém, ele provaria sua capacidade para fazer drama de época. Jamie já tinha sentido o gostinho do estilo em *Maria Antonieta*, mas tinha sido um papel curto num filme de tratamento histórico incomum. Dessa vez, ele iria trabalhar no drama de época do Channel 4 chamado *New Worlds*.

Passada na década de 1680, *New Worlds* era a continuação de uma minissérie anterior, *The Devil's Whore*, exibida em 2008, e se passava nos dois lados do oceano Atlântico. Embora o envolvimento de Jamie tenha sido anunciado antes de conseguir o papel de Christian Grey, *New Worlds* foi exibida pouco tempo depois, na primavera europeia de 2014. Isso poderia ser bom ou ruim, dependendo do ponto de vista, porque embora a participação de Jamie atraísse muito mais atenção para a série, *New Worlds* não chegou a ser considerada um sucesso. Muito pelo contrário. Pela primeira vez, Jamie precisou lidar com o peso da expectativa: após desafiar os críticos que acreditavam na sua incapacidade de atuar devido ao passado de modelo, ele agora precisava enfrentar pessoas que tentavam derrubá-lo por ter sucesso. A vida do rapaz mudou tanto em tão pouco tempo que havia uma série de invejosos prontos para atacá-lo.

Em *New Worlds*, Jamie interpretou Abe Goffe, um "renegado jovem e idealista, disposto a acabar com a monarquia tirânica". Nas próprias palavras de Jamie, Abe "está muito determinado a lutar para fazer da Inglaterra uma verdadeira república e acabar o reinado ditatorial dos Stuarts", disse ao Channel 4. "É uma luta parecida com a vivida por William Goffe, pai de Abe, um personagem histórico real, a quem Abe idolatra. Ele tenta defender a campanha do pai e conseguir apoio de outras pessoas. Abe é teimoso — até demais, às vezes —

NEW WORLDS

e costuma apelar rapidamente para a força bruta, mas aprende ao longo da minissérie que há formas melhores de agir." A minissérie foi dirigida por Charles Martin e escrita por Martine Brant e Peter Flannery, nomes muito respeitados na TV.

New Worlds tinha basicamente quatro personagens: Abe, Ned (Joe Dempsie, de *Game of Thrones* e *Skins*), Beth (Freya Mavor, que ganhou fama também em *Skins*) e Hope (Alice Englert). Era um elenco jovem e atraente, mas, como costuma acontecer, isso na verdade acabou prejudicando o grupo, com alegações de que não seriam experientes para o trabalho. No lado inglês do Atlântico, a monarquia foi restaurada: Carlos II está no trono e parece estar comandando um regime de terror (o que não surpreende, pois seu próprio pai perdeu a cabeça no trono). Isso afeta até os Estados Unidos, onde o Novo Mundo começa a querer se libertar do jugo imperialista e conquistar a independência. Porém, eles também enfrentam o que na época se chamava de índios americanos numa luta pela terra e, no geral, oprimindo os nativos da mesma forma que eram oprimidos pelo governo britânico.

Havia, talvez, uma leve semelhança com o Caçador, pois Abe era um fora da lei. No primeiro episódio, o público vê a condessa de Seacourt, Angelica Fanshawe, tentando deixar o marido católico John Francis e a filha Beth a salvo de um mundo tirânico. Enquanto isso, do outro lado do mundo, os conflitos se iniciaram. No segundo episódio, John Hawkins manda o filho Ned de Massachusetts à Inglaterra para fugir dos agentes do rei. Ned pede a John para dar uma carta a Hope, mas ele destrói o documento e insiste que Hope se case com o viúvo Henry Cresswell, pois era impensável que uma mulher ficasse sozinha. Eles vivem numa comunidade puritana e é assim que as coisas são.

De volta à Inglaterra, Abe e Beth se apaixonam e vivem à margem da lei em Wightham Woods. Como o ganancioso latifundiário George Hardwick trata seus funcionários como escravos, Abe e Beth explodem a olaria dele. Enquanto isso, nos bastidores, o juiz Jeffreys está coletando informações para usar contra Angelica e John. Além disso, Abe tenta assassinar Carlos II, mas fracassa, levando Angelica e Beth a ajudá-lo, sendo condenadas à morte por isso. Porém, Angelica consegue reduzir a pena de Beth para o exílio no novo mundo, e é para lá que ela vai.

Mas nem tudo sai de acordo com o planejado. No terceiro episódio, o navio de Beth naufraga no litoral de Massachusetts e ela é resgatada pela tribo de índios americanos Wawanaki. Agora, de volta a Boston, Ned

NEW WORLDS

não gosta de saber que Hope está casada com Henry, que por acaso está construindo um assentamento na terra dos Wawanaki, enquanto Abe se une ao coronel Algernon Sidney e tenta assassinar Carlos II novamente. Mais uma vez ele fracassa e os dois são presos. Nesse meio tempo, Ned ameaça Henry.

No último episódio, Ned diz a Hope que deseja ficar com ela, mas eles precisam manter a fugitiva Beth escondida. Abe escapa da prisão, renuncia à violência e decide espalhar as ideias do coronel Sidney. O velho e malvado Carlos II finalmente morre e, ao ouvir a notícia, Beth decide voltar à Inglaterra, onde se reencontra com Abe. Ned e Hope viram revolucionários. Fim.

Todos os envolvidos adoraram falar sobre seus personagens. "Para ser sincero, uma das coisas que realmente me atraiu no roteiro foi que Ned passaria por uma incrível jornada ao longo da minissérie, na falta de um termo menos 'escola de teatro'", disse Joe ao Redcarpetnewstv.com. "Ned vira a bússola moral da minissérie. Você vê no primeiro episódio que a semente da dúvida começa a ser plantada na cabeça dele."

Freya também fez questão de comentar o seu papel. "Nós encontramos [Beth] no dia do seu vigésimo primeiro aniversário, quando ela está prestes a se tornar uma mulher", disse a atriz ao *Daily Mail*. "Até então, ela levava uma vida protegida, feliz e sem a menor noção dos horrores que aconteciam na Inglaterra, mas isso estava prestes a mudar." Aí acontece o sequestro: "Ela obviamente reage e luta, mas a verdade é que há uma atração instantânea entre eles", continuou Freya. "Ela vai se apaixonar por [Abe], mas também vai viver um despertar político total."

Alice também tem sua opinião: "Para mim, Hope Russell é a verdadeira jovem norte-americana", disse a atriz ao Channel 4. "O mundo dela se divide em certo e errado, bom e mau, uma simplicidade que sempre prevaleceu no sonho americano e na cultura dos Estados Unidos. Jovem, idealista, forte e vingativa, ela vive à margem do novo mundo. Mas à medida que sua história progride, Hope percebe que o velho mundo está inexplicavelmente misturado ao novo, e ela deve enfrentar a complexidade de ser filha de um país onde foi derramado sangue demais dos dois lados para algum dia chegar a ser o que deseja."

Era um elenco jovem, inspirado e comprometido, que gostava muito de seus papéis. Uma minissérie bem inofensiva, *New Worlds* provavelmente não renderia muito assunto se não fosse o fato de um dos envolvidos ter virado uma celebridade de primeira no intervalo entre a escolha do elenco e a exibição. Àquela altura, Jamie mal podia sair de casa sem chegar às manchetes, e o interesse no papel em *Cinquenta tons* era tão intenso que afetaria os comentários sobre a minissérie.

Mesmo sem *Cinquenta tons de cinza*, Jamie tinha conquistado uma fama tão grande e tantos elogios por *The Fall* que ainda haveria interesse pelo seu próximo projeto. E como este trabalho se comparava ao papel de Paul Spector? Como o primeiro era um assassino em série brutal e o outro, um idealista lutando por uma sociedade mais justa, não haveria qualquer semelhança óbvia e imediata, mas Jamie encontrou algo para dizer a respeito.

"Claro que não há comparações entre os dois, mas gosto de interpretar personagens que são passionais em relação a algo", disse ele ao Channel 4. "É atraente para um ator fazer personagens que se dedicam de modo preciso e se comprometem com suas paixões. No caso de Paul Spector é o ato de caçar, matar e encobrir seus crimes. Sem dúvida, Abe tem uma motivação muito diferente, mas é um homem igualmente concentrado no que considera um objetivo bem claro. É empolgante interpretar personagens tão fortes."

Jamie também fez o dever de casa. Afinal, essa era uma minissérie de época, e muitos dos personagens, principalmente o rei Carlos, eram reais. Ele fez questão de ler bastante sobre aquele período, descobrir o que

JAMIE DORNAN – TONS DE DESEJO

teria motivado um homem como Abe e que tipo de problemas ele enfrentaria. Os outros integrantes do elenco fizeram o mesmo. "Sugeriram alguns livros para nós. Havia um chamado *Cavalier*, de Lucy Worsley, que Freya e eu lemos e foi recomendado por Martine Brant", disse. "Freya e eu competimos para ver quem terminava primeiro. O meu livro estava no iPad, mas Freya carregava o dela para todos os cantos enquanto eu provocava e testava o conhecimento dela! Como estudei em Belfast e a Guerra Civil Inglesa não era muito explorada no currículo, de certa forma tive de aprender do zero." O sotaque irlandês foi banido de novo, levando Jamie a se transformar num inglês convincente, outra prova de que ele sabia atuar, como se isso ainda fosse necessário.

Jamie estava alcançando tanto sucesso que poderia escolher qualquer papel, então o que o levou para este projeto? "Basicamente, em primeiro lugar, foi o roteiro. Depois foi o personagem, que me senti capaz de interpretar, pois fiquei intrigado por ele e esperava despertar o interesse do público. Eu torcia para conseguir me dar bem com o diretor e todos os envolvidos", disse ao Channel 4. "Com base em tudo isso, tive muita sorte com *New Worlds*. Peter Flannery e Martine Brant trabalharam muito bem nessa minissérie e acho que Peter nunca escreveu um roteiro ruim, então você sabe que

NEW WORLDS

está recebendo o melhor." Jamie não falava apenas como ator, mas como espectador também, conforme admitiu a seguir. Em vários aspectos, ele vivia a era de ouro da televisão, com programas realmente bons, e sabia bem disso. "Adoro bons dramas na TV, fiquei viciado em *Broadchurch* e achei Joe (Dempsie) brilhante em *Southcliffe*. Também sou muito fã de *Família Soprano*, *Curb Your Enthusiasm* e *Arrested Development* e recentemente andei vendo *Homeland*", disse ele. "Temos muitas opções de qualidade na televisão hoje em dia." E ele estava fazendo parte disso.

A empolgação de Jamie o levava a trabalhar muito nos seus personagens, criando um passado para eles e justificando a forma pela qual os retratava para o mundo. Inevitavelmente, as comparações com *The Fall* e Paul Spector continuavam, e Jamie conseguia ver a ligação. Na verdade, ele começava a ver ligações entre os vários personagens que interpretou. "Também acho que ele seja uma pessoa destruída", disse sobre Abe na revista *Interview*. "Vejo uma pessoa destruída como alguém que passou por um sofrimento realmente grave, como abandono, abuso [...] Algo que definitivamente mudou a vida dessa pessoa, como é o caso de Christian Grey."

Jamie tinha uma agenda cheia depois de *New Worlds*: além de *Cinquenta tons* havia a segunda temporada de

The Fall, que gerava uma expectativa cada vez maior. "Talvez na segunda temporada seja possível descobrir por que Spector é daquele jeito, então não quero falar muito sobre isso", continuou. "Mas há motivos para essas pessoas serem assim, é isso que as impulsiona. No caso do Abe, acho que ele se sentiu injustiçado. Estava estudando medicina quando era mais novo e não pôde continuar porque o pai foi um dos caras que assinaram a sentença de morte de Carlos I. Isso lhe serviu de motivação."

Porém, ao contrário de Paul Spector, Abe seria capaz de se desenvolver e melhorar como pessoa, algo que os espectadores viram ao longo da minissérie. O ator também percebeu isso. "Bom, o negócio de Abe é que havia muita conversa e ele é uma dessas pessoas que falam por meio da força bruta", disse Jamie à *Interview*. "À medida que o tempo passa, ao longo dos quatro episódios, ele vive uma mudança imensa e acaba percebendo que talvez as palavras sejam o melhor caminho. Mas você encontra esses caras muito teimosos em qualquer época. Tenho amigos assim, muito agressivos. Eles agem de uma determinada forma, especialmente com outras pessoas, com gente nova. Fazem as pessoas ficarem arrepiadas. E tentei me basear um pouco nisso para Abe. Ele não se sente confortável na companhia de outras pessoas fora de seu seleto grupinho."

NEW WORLDS

O que poderia dar errado? A série tinha tudo para ser um sucesso: atores jovens e bonitos, todos muito dedicados e obviamente apaixonados pelo projeto e que estavam no auge da capacidade artística. A televisão britânica era boa em dramas históricos e não havia motivos para pensar que este não daria certo: havia desenvolvimento de personagens, questões políticas complexas que tinham reflexos nos dias de hoje (as filmagens ocorreram enquanto acontecia outra revolta no Egito, algo que o elenco comentou), era feita por profissionais com vários anos de experiência em TV e com todos os ingredientes que se poderia desejar para o sucesso. Mas, por algum motivo, ela nunca deu certo. Quem esperava outro êxito na linha de *The Fall* (embora o tema fosse bem diferente) iria se decepcionar.

Infelizmente, os críticos não se impressionaram. Várias características pesaram contra a minissérie, incluindo o fato de não ser tão boa quanto a antecessora *The Devil's Whore* e, embora ninguém tenha falado abertamente, esperava-se muito mais de Jamie agora. O aumento da fama pode ter uma série de vantagens, mas também eleva as expectativas e, por isso, um projeto que poderia ter recebido críticas melhores se tivesse atores menos conhecidos virou foco de comentários muito mais rígidos de quem agora só associava Jamie ao sucesso.

Os especialistas foram duros em suas análises. "*New Worlds*, o novo drama das terças à noite do Channel 4, foi anunciado como continuação da minissérie de 2008 *The Devil's Whore*, na qual Andrea Riseborough e John Simm brilharam interpretando um casal apaixonado no século XVIII cujas crenças os levaram ao epicentro da Guerra Civil na Inglaterra", escreveu Gerard O'Donovan no *Daily Telegraph*, numa crítica não muito diferente das que estavam por vir. "Infelizmente, *New Worlds*, mais uma vez criada por Peter Flannery e Martine Brant e com outro elenco atraente e promissor, não teve a mesma qualidade da antecessora [...] Não havia muito o que esses atores pudessem fazer com um roteiro e direção fracos que nunca chegaram a ter ritmo."

Ellen E. Jones concordou no *Independent*: "Apesar da grande coragem, este novo elenco formado por ex-integrantes de *Skins* e ex-modelos não chegou ao nível do original de *The Devil's Whore*, um grupo memorável que incluía Peter Capaldi, Dominic West, John Simm e Michael Fassbender", escreveu. "Riseborough em especial — com sua beleza do século XVII e presença atemporal na tela — fez muita falta. Idealistas podem ser inspiradores nos livros de história, mas não rendem personagens de TV cativantes. Vamos esperar que esse

NEW WORLDS

idealismo seja posto em risco e as motivações fiquem mais complicadas na segunda parte."

David Stephenson escreveu uma crítica muito divertida no *Sunday Express*. "Os primeiros vinte minutos foram impossíveis de entender", reclamou. "A trama começa simultaneamente nos dois lados do Atlântico. O problema era tentar estabelecer qual exatamente era essa trama. No 'Novo Mundo', índios atacavam os colonizadores, o que nos leva à origem da frase 'cabeças vão rolar'. Enquanto isso em Blighty, Carlos II reinava num estado de espírito vingativo, enquanto Dornan e seu alegre bando de capangas ao estilo Robin Hood estavam ocupados caçando ilegalmente um cervo, para em seguida rasgarem a garganta dele no terreno de uma agradável casa em Oxfordshire. Era um encontro entre a riqueza excessiva e uma série sobre jardinagem feita por Alan Titchmarsh."

Hugo Rifkind foi um pouco mais gentil no *Times*. "No ano passado, *The White Queen* foi um drama histórico ruim porque era um novelão sem nada a dizer", escreveu. "Ambientada dois séculos depois, em 1680, *New Worlds* é melhor porque sabe exatamente o que está pensando."

O influente site Den of Geek também pegou mais leve. "'Não nos esquecemos de *The Devil's Whore*', disse o desprezível juiz Jeffreys numa cena de explicação muito necessária no início de *New Worlds*", escreveu. "Com sorte, nem os espectadores, porque o capítulo de hoje não deu folga para quem cochilou no sofá [...] *New Worlds* claramente deseja ser mais do que outra traquinagem histórica envolvendo espadas e corpetes incríveis, mas, na verdade, a ambição é mais atraente do que a trama ou os personagens. Porém, com o belo cenário e várias apresentações já feitas, há todos os motivos para esperar mais deste drama incomum e carregado na política de Peter Flannery nas próximas semanas. Até lá."

Enquanto a audiência continuava a despencar, comentava-se que nem a presença de Jamie poderia salvar a minissérie — um tributo ao seu carisma como ator, embora não à série em si. Ele sentia cada vez mais as desvantagens de ser um nome conhecido. Jamie foi criticado pelo cabelo (um "mullet") e tudo o mais que se pudesse imaginar. De modo geral, foi uma tremenda decepção, embora apenas um leve abalo numa carreira que ia de vento em popa.

Àquela altura, Jamie tinha outras preocupações. A vida de casado estava indo às mil maravilhas, e ele estava contribuindo para a região onde cresceu, virando patrono da TinyLife, organização de caridade em prol de bebês prematuros da qual o pai era presidente. Depois, em novembro de 2013, a filha de Jamie nasceu. Num sinal claro de que estava decidido a manter a privacidade, a notícia não foi divulgada até dezembro. Também não houve qualquer informação sobre o local de nascimento da menina (naquela época, Jamie estava filmando *Cinquenta tons* em Vancouver) e nem o nome dela tinha sido divulgado até o momento em que este livro foi escrito.

Mas ele não conseguia fugir do assédio. Os sites criados por fãs em homenagem a ele começavam a se proliferar. Desde a época de modelo, esses sites existiam, mas agora que Jamie interpretaria Christian, o número aumentou consideravelmente. Ele era seguido por paparazzi em todos os lugares. Listas de informações sobre Jamie começaram a surgir, e assim as fãs aprenderam que os livros favoritos dele eram *O retrato de Dorian Grey*, de Oscar Wilde, e *O homem no terno de flanela cinza*, de Sloan Wilson, mas o escritor favorito era Paul Auster. Entre os filmes prediletos estavam a versão de *Robin Hood* da Disney (escolha inteligente, considerando sua ligação com *Once Upon a Time*), junto com *O exterminador do futuro, Duro de matar* e *Noivo neurótico, noiva nervosa* (sem dúvida uma seleção eclética). Entre as atrizes favoritas de Jamie estavam Angelina Jolie e Diane Keaton e seus músicos prediletos eram Nick Drake; Van Morrison; Neil Young; Crosby, Stills & Nash; Bob Dylan e KT Tunstall.

Mas isso não era tudo. Também foi descoberto que Jamie sofria de asma e era obrigado a ter uma bombinha por perto o tempo todo. Ele não era fã de filmes de terror e nem de tabloides (nenhuma surpresa nisso) e, além de rúgbi, gostava de futebol, golfe, tênis, esqui e iatismo (provavelmente esse era o segredo do seu físico). Jamie torcia pelo Bangor Football Club, gostava de música folk, churrasco e tinha Nova York como cidade predileta. Também era apreciador da cerveja Guinness, como todo bom irlandês. Além do apreço por Nova York e hambúrgueres, ele conseguia abrir uma garrafa de cerveja com os dentes.

Jamie agora recebia o tipo de atenção que sentira indiretamente quando namorava Keira, e aquela experiência o ensinou a lidar com a situação. Ele gostava de dar entrevistas (considerando a natureza popular do seu trabalho, não poderia ser diferente), mas mesmo deixando transparecer um bom caráter, pouco revelava sobre a vida pessoal. Ele protegia Amelia e a filha ao máximo, por ter consciência do quanto era difícil lidar com a exposição.

O caráter de Jamie vinha à tona em todas as ocasiões. Ele apareceu no *Graham Norton Show*, onde lidou muito

NEW WORLDS

bem com a empolgação do apresentador, além da dupla de humoristas Ant & Dec e o ator Aaron Paul, de *Breaking Bad*. Jamie quase matou a plateia de rir ao dizer que um antigo colega de escola comentou sobre as grandes panturrilhas dele ("Mas não falamos só sobre isso") e ao descrever seu antigo jeito de andar ("O diretor perguntou: 'Isso aí é do personagem?'"), revelando-se uma pessoa realmente agradável. Ele até demonstrou o jeito engraçado de andar, lembrando que Amelia o ensinou que a maioria das pessoas pisava primeiro com o calcanhar e depois com o dedão em vez de pisar com o dedão e continuar assim. Ao zombar de si mesmo, Jamie não ficou para trás diante dos outros convidados, notoriamente sagazes. Ele tinha a plateia nas mãos.

A aparição no *Graham Norton* rendeu bastante: as pessoas correram às redes sociais para comentar que ele parecia um cara legal e sincero. Jamie era engraçado, não se levava a sério e era um cara decente. Ninguém parecia ter algo de ruim a dizer sobre ele. Na verdade, a única vez em que Jamie apareceu num contexto levemente negativo foi quando surgiu uma lista supostamente contendo o nome dos namorados da atriz Lindsay Lohan e ele era um dos citados, apesar de sempre ter negado os boatos de relacionamento. (Na mesma lista estavam Colin Farrell, Joaquin Phoenix, Zac Efron e vários outros.) Mas tudo isso era passado: agora Jamie estava feliz e comprometido, um verdadeiro pai de família.

Havia dois temas recorrentes nas entrevistas: o medo de não ser levado a sério por ter começado como modelo, do qual Jamie falava sem parar, e as desvantagens de ser imensamente assediado. Um entrevistador demonstrou preocupação, pois o que Jamie viveu até ali seria aumentado milhões de vezes quando o próximo projeto estreasse nos cinemas. Jamie certa vez expressou a opinião de que nunca seria tão famoso quanto Keira, mas agora que apareceria num dos filmes mais ansiosamente esperados em décadas, muitos discordavam. A vida de Jamie estava prestes a ter outra mudança.

13 SNOWQUEENS ICEDRAGON

Snowqueens Icedragon estava trabalhando muito. Ela vinha escrevendo seu primeiro romance, *Master of the Universe*, há algum tempo, publicando na internet e recebendo comentários, sugestões e dicas dos leitores ao longo do processo. Tão educada quanto comprometida com o trabalho, Icy, como costumava assinar, nunca deixava de agradecer a todos: "Obrigada a Songster51, ElleNathan & Rhian por uma noite de sábado maravilhosa", era uma postagem típica, publicada em 20 de novembro de 2010. "Obrigada a Hoot por fazer a revisão e verificar meu inglês americano. Agradeço também ao pessoal do Twitter pela ajuda com o inglês americano."

Duas semanas depois, ela estava de volta: "Uau... Que reação incrível tive ao último capítulo", escreveu.

"Obrigada. Pessoal que está triste com Bella ou Edward — ou ambos. Calma, vamos dar um desconto para eles."

Bella e Edward? Esses dois nomes certamente são familiares, pois Bella Swan e Edward Cullen eram os amantes desafortunados e protagonistas da série *Crepúsculo*, a humana e o vampiro que estavam loucamente apaixonados, mas precisavam ser discretos, porque Edward poderia matar Bella por acidente caso a paixão o fizesse perder o controle. A autora da série, Stephenie Meyer, era mórmon praticante e muitos notaram que ela escreveu um belo exemplo de história para aconselhar os adolescentes a se absterem totalmente do sexo.

Crepúsculo, a série de livros e depois filmes estrelados por Kristen Stewart e Robert Pattinson, que apenas exacerbaram a histeria quando começaram a namorar na vida real, era um sucesso absoluto. As pessoas ficaram obcecadas por ela, incluindo Snowqueens Icedragon, cuja história era publicada no FanFiction.Net, site voltado para escritores (ou, mais precisamente, fãs) que pegavam personagens criados por outras pessoas e escreviam com e sobre eles. *Master of the Universe* era ilustrada com fotos de Bella e Edward. Não havia a menor dúvida sobre a inspiração do texto.

Então quem seria essa Snowqueens Icedragon? Pelas poucas informações disponibilizadas a seu respeito, ela

SNOWQUEENS ICEDRAGON

certamente parecia ser uma pessoa divertida. Revelan-do que era casada com um "maridão ranzinza", vivia na região oeste de Londres e tinha dois filhos. Certa vez, ela publicou: "Sou velha o bastante para saber das coisas, mas topo experimentar tudo pelo menos uma vez, exceto incesto e dança folclórica... Na verdade eu já experimentei dança folclórica e é divertido..." Ela trabalhava em televisão e, o mais relevante era: "Comecei a escrever em janeiro de 2009, depois de ter terminado a saga *Crepúsculo*, e não parei mais." E pedia para entrarem em contato pelo Twitter @SQicedragon ou no Twilighted. net e FanFiction.Net, usando o apelido completo.

Naquela época, os tuítes de @SQicedragon eram protegidos, e os candidatos a seguidores precisavam de permissão para entrar nesse seleto grupo (de exatamente 5.879 pessoas). Por outro lado, outra tuiteira chamada E.L. James tem 557 mil seguidores, mas todo mundo precisa começar de algum lugar. Enquanto isso, Snowqueens Icedragon desapareceu do Twilighted.net e embora ainda conste do FanFiction.Net, não há registro da sua obra. Mistério? Nem tanto.

Hoje em dia já se sabe que a misteriosa Snowqueens Icedragon é ninguém menos que E.L. James, autora da absurdamente bem-sucedida série *Cinquenta tons de cinza*, cujas vendas chegaram ao ponto de superar a própria Stephenie Meyer. Também é público e notório que *Master of the Universe* foi a primeira versão de *Cinquenta tons*. Mas era impossível encontrar a história original agora, apesar de todos os esforços dos detetives da internet, pois quando o potencial de *Cinquenta tons* ficou claro, todos os vestígios do original foram apagados. Ninguém jamais fingiu que a série começou de outra forma, mas não queriam alardear isso. A série *Cinquenta tons* se sustenta muito bem sozinha.

"Realmente tudo começou como uma fanfic de *Crepúsculo*, inspirada pela maravilhosa série de livros da Stephenie Meyer", disse a agente de James, Valerie Hoskins, ao *Deadline Hollywood*. "Originalmente foi escrito como fanfic, depois Erika decidiu tirar o texto do ar devido aos comentários sobre a natureza indecente do material. Quando fez isso, pensou: 'Sempre quis escrever. Tenho alguns romances não publicados. Vou refazer tudo e criar personagens marcantes chamados Christian e Ana.'"

E.L. James, ou Erika Leonard (nome de solteira Mitchell), como é conhecida pela família e amigos, é a improvável autora do romance obsceno que lhe rendeu fama e riqueza imensas, além de ter sido considerada uma das "Pessoas Mais Influentes do Mundo" pela revista *Time* em 2012. Nascida em 2 de março de 1963, filha de mãe chilena e pai escocês que trabalhou na BBC como câmera, Erika foi criada em Buckinghamshire e estudou História na Kent University antes de se tornar assistente do gerente de estúdio na National Film and Television School de Beaconsfield. Em 1987, ela se casou com o roteirista e diretor Niall Leonard, que trabalhou em *Hornblower*, *Silent Witness* e *Wire in the Blood*, e depois deu à luz dois filhos.

Além de ter trabalhado no campo levemente exótico da televisão, sendo produtora do humorístico *Shooting Stars* protagonizado por Vic Reeves e Bob Mortimer, não havia nada que destacasse Erika como alguém que viraria notícia. Até o fascínio por *Crepúsculo*, ela era uma esposa e mãe de classe média perfeitamente normal, cuidando da família e fazendo o melhor que podia. Os tuítes escritos após a fama revelaram o gosto pelo vinho sauvignon blanc Oyster Bay, comer Nutella de colher e dirigir um Mini. Até que, no fim de 2008, ela pegou a história de Edward e Bella para ler. Totalmente envolvida, começou a escrever praticamente assim que terminou os quatro livros.

O resto, como dizem, é história. Primeiro *Master of the Universe* foi publicada no site de fanfics. Em seguida, após outros autores comentarem que o texto era indecente, Erika o retirou do ar e colocou em seu próprio site, FiftyShades.com. Ao contrário da crença popular, ela não publicou os livros por conta própria: a editora australiana The Writer's Coffee Shop viu o potencial do texto e o publicou como e-books e livros impressos sob demanda.

O que aconteceu depois espantou a todos, inclusive Erika, e gerou frases como "pornô para mamães" e "*Crepúsculo* para adultos". Os livros, agora intensamente retrabalhados para virar uma trilogia, chamaram a atenção da Vintage Books, que os adquiriu por um valor de sete dígitos. Apesar do grande sucesso de histórias como as de J.K. Rowling, isso era totalmente incomum no mundo editorial, ainda mais para uma total desconhecida. Mas o burburinho aumentava: primeiro surgiu o novo e-book da trilogia, seguido pelo anúncio de uma edição de 750 mil exemplares impressa em tempo recorde. Sem dúvida algo estava acontecendo.

No meio de tudo isso, Erika observava, assombrada, o que tinha começado como uma pequena fanfic se transformar no evento editorial do ano. Ela pareceu mesmo tão surpresa quanto todo mundo. "Fiquei perplexa com a popularidade. Ainda estou perplexa", disse ela a Michelle Kosinski no programa *Today*, da NBC. E foi totalmente firme ao revelar o que estava por trás da obra: "Esta é a minha crise da meia-idade amplificada",

SNOWQUEENS ICEDRAGON

revelou. Os livros eram "um tanto intensos", admitiu. Quanto à natureza dominante do herói, da qual falaremos em breve, perguntaram a ela se as mulheres realmente desejavam aquilo. "Quando você é responsável pelo seu trabalho, casa, filhos, por botar a comida na mesa e fazer tudo isso o tempo todo, seria bom que outra pessoa assumisse o comando em algumas áreas, [mas] na vida real você quer mesmo é alguém que lave a louça", explicou Erika, meio tímida.

Como ela admitiu várias vezes, tudo não passava de fantasia, mas uma fantasia que renderia muita polêmica. Afinal, o livro girava em torno do BDSM (*bondage*, disciplina, sadismo e masoquismo), assunto que dificilmente seria discutido na quermesse da igreja. E talvez o mais divertido fosse ver os homens chocados com tudo aquilo. Era como se nunca tivesse lhes ocorrido que, enquanto as mulheres esquentavam a barriga no fogão, sonhavam com algo um pouco mais excitante, como um homem parecido com Christian/Jamie jogando-as na cama, mesmo se os gostos sexuais do personagem fossem um pouco demais para a maioria. Os homens simplesmente não entendiam: durante boa parte dos últimos quarenta anos, eles vêm sendo ensinados a encontrar o seu lado feminino. É verdade que a maioria não o fez, mas mesmo assim, descobrir que o último galã literário capaz de fazer as mulheres babarem era um sujeito com um Quarto Vermelho da Dor e predileção por chicotes era um pouco demais.

E o choque e a sensação em torno dos livros de Erika foram tão grandes que abriram um debate: era isso que as mulheres realmente queriam? Afinal, Christian queria machucar Ana fisicamente: o fato de alguém escrever isso significava que todas as mulheres desejavam ser dominadas? (Deve-se notar que Christian insiste muito para que Ana assine um contrato de dominação, e ela recusa na mesma hora, não sendo exatamente a ingênua que às vezes aparenta ser.) No entanto, uma mulher escreveu tês livros sobre esse assunto e milhões de mulheres estavam lendo. O que isso dizia sobre todas nós?

Para a própria Erika, o verdadeiro apelo do livro estava no fato de ser, em última instância, uma história de amor. "É uma história de amor. Mulheres gostam de ler histórias de amor", disse ela durante um evento para promover *Fifty Shades of Grey: The Classical Album*, uma compilação de músicas que a inspiraram, incluindo Chopin e Debussy (as oportunidades de marketing estavam surgindo a todo vapor). "Há sexo, mas ao longo dos livros esse sexo muda à medida que o relacionamento muda. Você vê a evolução. Mulheres de todas as idades estão lendo, de universitárias a senhoras de 90 anos. Eu recebo os e-mails mais excessivamente confessionais que você pode imaginar. As pessoas vão lá e experimentam essas coisas. Espero que adolescentes não estejam lendo, mas acho que estão porque recebo e-mails delas e, bom, eu preferia que não lessem."

Uma das muitas piadas feitas nas entrevistas sobre o recém-descoberto gosto feminino pela literatura erótica é que elas podiam ler no Kindle e ninguém saberia. Erika admitiu que isso também ajudava. "Os e-readers foram libertadores para as pessoas porque elas podem ler o que der vontade, sem julgamentos", disse. "Na verdade, fiz o design das capas porque, aos 30 e poucos anos, eu lia muita ficção romântica quando ia e voltava de Londres no metrô e eles tinham aquelas capas horríveis com mulheres seminuas. Eu odiava aquilo, então fiz capas discretas para ninguém saber que se trata de um romance bem picante." Contudo, descobriu-se que 30% dos leitores de *Cinquenta tons* na verdade eram homens.

Os comentários vieram com tudo. Erika precisou enfrentar muitas críticas sobre o seu estilo de escrita um tanto trivial — mas quem se importava com isso quando ela estava ficando incrivelmente rica? Até que veio a lista das cem pessoas mais influentes da revista *Time,* em abril de 2012: "Há seis meses, ela era Erika Leonard, mãe de dois filhos que se interessava por histórias

JAMIE DORNAN – TONS DE DESEJO

eróticas na internet", dizia. "Agora, ela é E.L. James, fenômeno editorial cuja trilogia *Cinquenta tons de cinza* agitou as livrarias, Hollywood e, aparentemente, muitas e muitas mães. O ato de ler nunca mais será o mesmo."

Isso pode ser um pouco de exagero, mas sem dúvida Erika tinha atingido as pessoas. E aí o burburinho aumentou: a revista norte-americana *Publishers Weekly* a considerou "Pessoa do Ano no Mundo Editorial", citando o fato de ter criado a moda em torno da literatura erótica. "Como o sucesso da série continua a reverberar pela indústria de várias formas (entre outras, o dinheiro gerado ajudou a aumentar as vendas em bibliotecas e transformou a ficção erótica na categoria do momento), nós escolhemos James como a pessoa mais notável no mundo editorial deste ano", dizia a revista.

Isso realmente aborreceu os puristas. Para começar, o prêmio nunca tinha ido para um escritor, era sempre alguém da indústria editorial. O jornal *Los Angeles Times* escreveu: "O que a *Publishers Weekly* estava pensando? James escreveu uma fanfic que foi publicada de modo independente por uma microeditora de e-books e que viralizou, levando a um contrato com uma editora e a cheques polpudos. Tudo isso é ótimo para um autor, mas não justifica fazer deste indivíduo a Pessoa do Ano no Mundo Editorial [...] É realmente impossível dizer que James fez mais do que ter muita, mas muita sorte, embora a *PW* diga o contrário. Quem ganha na loteria certamente tem muita sorte, mas deve ser laureado com os prêmios da indústria? Talvez algum dia a revista encontre alguém no mundo editorial que esteja fazendo algo em vez de algo acontecer a ela, e indique este indivíduo para Pessoa do Ano no Mundo Editorial."

Pobre Erika. Até os comentários na *Publishers Weekly* mostravam-se indignados. "Quero morrer. Ou matar. Ou apenas comer bolo até esta dor literária passar." "Sério? É o melhor que vocês puderam fazer? Hilary Mantel foi a primeira mulher a ganhar o Booker Prize duas vezes e vocês escolhem E.L. James? Larguem o champanhe e repensem essa decisão." Se isso servir de consolo, Erika ia chorando de casa até o banco. Enquanto os milhões não paravam de chegar, ela foi vista procurando uma bela mansão no campo. Até então, James morava numa humilde casa geminada em Ealing — um local longe de ser o endereço mais chique de Londres.

Então foi anunciado que os direitos para o cinema tinham sido vendidos por 5 milhões de libras. Angelina Jolie ou Scarlett Johansson foram erroneamente cotadas para interpretar a protagonista. Àquela altura, os livros já tinham sido traduzidos para quarenta idiomas, e a histeria em torno da trilogia era tanta que estava previsto um grande número de nascimentos com base numa geração de mulheres loucas exigindo que os maridos se transformassem em versões particulares de Christian Grey.

A própria Erika — embora parecesse consideravelmente mais arrumada em relação à época em que surgiu aos olhos do público pela primeira vez — em geral ficava em segundo plano, enquanto o marido era alvo de vários comentários lascivos sobre como seria estar casado com uma mulher como ela. Os filhos adolescentes não leram, revelou a autora, acrescentando que eles "morreriam de vergonha". O que havia nesse livro para gerar um impacto tão impressionante em tudo? Que história ele contava?

Devido às interessantes tendências pessoais do herói, geralmente acham que *Cinquenta tons de cinza* contém apenas cenas de sexo com um fiapo de história. Na verdade, é justamente o contrário. Como a própria Erika destaca, *Cinquenta tons* é basicamente uma história de amor e, se tirarmos os chicotes, apresenta um herói que poderia muito bem fazer companhia ao Sr. Darcy, Rochester e similares. A trama começa com Anastasia Steele, conhecida como Ana, 21 anos, aluna da Washington State University, em Vancouver. Sua amiga e colega de quarto, Kate, trabalha no jornal estudantil e deveria en-

SNOWQUEENS ICEDRAGON

trevistar o enigmático empresário Christian Grey, que já é bilionário apesar de ter apenas 27 anos, mas fica doente. Ana a substitui na entrevista, e a atração entre os dois é imediata.

Logo fica claro para o leitor (mas não para Ana) no que isso vai dar. Christian aparece na loja de ferragens onde Ana trabalha e, numa indicação dos seus gostos peculiares, compra fita adesiva e corda, enquanto dá seu telefone para ela. Os dois marcam uma sessão de fotos com um amigo de Ana, chamado José, tomam um café e descobrem que são solteiros. Depois ela vai a uma festa, fica bêbada, liga para Christian, que vem buscá-la, e acorda na manhã seguinte no quarto de hotel do rapaz, embora ele tivesse sido um perfeito cavalheiro e nada tenha acontecido. Christian avisa que gostaria de levar as coisas adiante, mas estranhamente pede para ela assinar um contrato de confidencialidade. O próximo passo é um encontro em que Christian leva Ana no seu helicóptero para o apartamento onde mora, em Seattle. Lá, ele mostra o Quarto Vermelho da Dor, basicamente uma câmara de tortura sadomasoquista, descobre que ela é virgem (os ecos da falecida Barbara Cartland não poderiam ser mais fortes) e tira a virgindade de Ana. Porém, agora ele exige a assinatura de um segundo contrato, no qual ela aceita ser dominada por ele e também concorda que o relacionamento é apenas sexual, e não romântico. Algo esquecido por boa parte dos críticos é que Ana jamais assina este documento.

E começa um jogo de gato e rato no qual Ana se assusta e foge, Christian a puxa de volta, aplica-lhe umas palmadas e apresenta a moça para a família, como manda o figurino. É revelado que ele perdeu a virgindade aos 15 anos com uma amiga da mãe, que o levou a desenvolver o gosto pelo sadomasoquismo e, embora continue a insistir na assinatura do contrato e também que eles não estão num relacionamento propriamente dito, é justamente isso que acontece entre eles. De modo conveniente, Ana arruma emprego na Seattle Independent Publishing, ganha outras palmadas e, quando Christian exagera e bate nela com um cinto, vai embora de vez. Será mesmo? De qualquer modo, o livro termina aí.

Muitos autores de ficção comercial são destruídos pelos críticos, e Erika logo aprendeu que eles podiam ser tão cruéis quanto Christian num mau dia. Sir Salman Rushdie, que nem sonhando vendeu tantos livros quanto Erika, disse: "Nunca li algo tão mal escrito que tenha sido publicado. Fez *Crepúsculo* parecer *Guerra e paz*." É interessante notar o fato de ele obviamente ter lido *Crepúsculo*.

Maureen Dowd escreveu no *New York Times* que a autora era "uma Brontë sem talento" e considerou o livro "banal e mal escrito". Jesse Kornbluth, do *Huffington Post*, disse: "Como experiência de leitura, *Cinquenta tons* [...] é uma piada horrível, cuja trama é insignificante."

Ninguém, incluindo Erika, consideraria os livros ótima literatura, mas eles eram cativantes, do tipo que não dá para parar de ler e, considerando as vendas, claramente significavam algo para os milhões de leitores que não conseguiam largá-lo. Algumas pessoas foram perspicazes o bastante para perceber isso. "Embora não seja nenhuma obra-prima literária, *Cinquenta tons* é mais do que uma fanfic parasita baseada na recente série de vampiros *Crepúsculo*", comentou a professora de Princeton April Alliston. A também autora popular que tem presença frequente na lista dos mais vendidos Jenny Colgan escreveu no *Guardian*: "É empolgante, definitivamente fácil de ler e tão calmo e seguro quanto um texto erótico envolvendo BDSM pode ser sem transgredir as descrições desta prática" e, talvez o ponto crucial aqui, "mais agradável" que outras "obras da literatura erótica".

O *Daily Telegraph* chamou de "clichê sentimentaloide", mas acrescentou que provavelmente as leitoras o "discutiriam por vários anos". Um crítico do *Ledger-En-*

quirer destacou que a trilogia "também abordava um aspecto da existência feminina [a submissão]. E reconhecer — talvez até apreciar este fato — não deve ser motivo de culpa".

Já o *New Zealand Herald* alegou que o livro "não vai ganhar prêmio algum pelo estilo" e que "tem algumas descrições excessivamente horríveis", mas "[se você] suspender a descrença e o desejo de, com o perdão da expressão, dar uns tapas na heroína por ter tão pouco amor-próprio, pode até gostar".

Para o *Columbus Dispatch*, "apesar da prosa estranha, James realmente faz você continuar a leitura". Enquanto o *Metro News Canada* alegava que "sofrer por quinhentas páginas de diálogo interior da heroína foi uma tortura, e não do jeito sexy pretendido pela autora". Jessica Reaves escreveu no *Chicago Tribune*: "O material em que o livro se baseou já não era grande literatura", considerando *Cinquenta tons* "polvilhado de frases idiotas a gosto" e "deprimente".

Apesar de tudo isso, em dezembro de 2012, o livro ganhou o UK National Book Awards nas categorias Ficção Popular e Livro do Ano.

As muitas críticas se basearam principalmente em três aspectos: o fato de a história ter se originado de uma fanfic, de glamourizar o sadomasoquismo e o texto não ser exatamente do mesmo nível de um Shakespeare. Quanto ao primeiro item, isso realmente importava? Quando *Cinquenta tons* surgiu, ninguém teria feito a associação com *Crepúsculo* se já não soubesse dessa informação de antemão: a nova obra ganhou vida e personalidade próprias. Christian e Ana eram totalmente diferentes de Edward e Bella e esta sem dúvida não teria sido a primeira vez que uma obra de arte foi inspirada em algo já existente.

Já a descrição do sadomasoquismo era mais problemática e levou algumas mulheres poderosas a se envolverem na discussão. Katie Roiphe escreveu na *Newsweek*: "Mas por que a liberdade seria um fardo, ainda mais para as mulheres? [...] Talvez o poder não seja sempre tão confortável, mesmo para aquelas de nós que cresceram com ele. Talvez a igualdade seja algo que desejamos apenas às vezes e em algumas áreas. Pode ser que o poder e todos os seus imperativos seja entediante."

Contudo, várias mulheres poderosas não viam nada de errado em um pouco de sadomasoquismo. Andrea Reiher reclamou no Zap2it: "Ser submissa sexualmente não equivale a ser vítima de abuso" ou a "ceder o poder ou a igualdade em relação ao parceiro". O site *Jezebel* foi quem chegou mais perto do alvo quando disse: "A grande maioria das fãs adora o relacionamento emocional entre Anastasia e Christian, não o sexo."

Para não ficar em segundo plano, o site Salon entrevistou várias dominatrixes, incluindo Melissa Febos, para quem o livro demonstrava "ansiedades atuais em relação à igualdade". No entanto, na opinião dela, isso "não significa que seja evidência de infelicidade ou invalidação do feminismo". Segundo ela, poderia até ser um sinal de progresso que milhões de mulheres estejam buscando tão avidamente suas fantasias sexuais de modo independente dos homens.

No meio de toda essa discussão, contudo, é preciso dizer que o relacionamento entre Christian e Ana é consensual o tempo todo. Enquanto isso, algumas instituições também agiam: bibliotecas públicas de Brevard County, Flórida, retiraram o livro das prateleiras devido ao "conteúdo sexual" e voltaram atrás por causa da demanda popular. Em Macaé, no Brasil, um juiz determinou que a trilogia não fosse exposta nas lojas depois de ter visto crianças lendo os livros. Houve grande repercussão quando a produtora de filmes pornográficos Smash Pictures prometeu fazer uma versão adulta da história chamada *Fifty Shades of Grey: A XXX Adaptation*. A Universal, que já tinha comprado os direitos do filme, a processou. A Smash Pictures, por sua vez, também entrou com processo e a questão acabou resolvida fora dos tribunais.

SNOWQUEENS ICEDRAGON

Erika, cujo saldo bancário aumentava a cada minuto, observava tudo, incrédula. Nem em seus maiores devaneios ela, ou qualquer outra pessoa, esperava que esse fosse o resultado de uma pequena adoração de fã e, à medida que o frenesi em torno de quem interpretaria Christian aumentava, tudo parecia totalmente irreal. Independentemente do que os detratores inventassem, ela criou algo com o qual mulheres do mundo inteiro se identificaram. Agora havia apenas a pequena questão de colocar tudo isso num filme.

14 "O SR. GREY IRÁ RECEBÊ-LA AGORA"

E.L. James estava numa situação ótima. Não só ganhava milhões com os seus livros (que figuravam entre os mais vendidos), como os maiores estúdios do mundo brigavam pelos direitos de adaptação deles para o cinema. Warner Bros, Sony, Paramount, Universal e até a produtora de Mark Wahlberg estava no leilão, chegando mais perto do que se poderia imaginar. "Quase conseguimos adquirir os direitos. Estávamos falando com a autora antes de ela ter um agente", disse ele ao Yahoo.com. "Eu sabia que seria um fenômeno, independentemente de achar bom, ruim ou ser indiferente. Não tinha dúvida de que seria uma dessas coisas que criariam um grande burburinho."

Ele estava certo. Algum livro já produziu tanta polêmica? A Universal e a Focus Features acabaram

"O SR. GREY IRÁ RECEBÊ-LA AGORA"

ganhando a disputa em março de 2012, com Erika mantendo bastante controle sobre o processo de filmagem. A produção de 40 milhões de dólares estava a caminho. Michael De Luca e Dana Brunetti, que tinham trabalhado em *A rede social*, entraram no projeto como produtores a pedido de Erika, dando início à busca por um diretor. Isso era tão importante quando encontrar o astro certo. Vários nomes surgiram: Joe Wright, Patty Jenkins, Bill Condon, Bennett Miller e Steven Soderbergh. Em junho de 2013, bem mais de um ano após a compra dos direitos, foi anunciado que o posto era de Sam Taylor-Johnson, fotógrafa e integrante do grupo Young British Artists, do qual Damien Hirst fazia parte. Foi uma escolha surpreendente, provando que a Universal não queria apenas algo erótico e estava optando por uma sofisticação bem maior.

O próximo cargo a ser preenchido era o de roteirista. Bret Easton Ellis se ofereceu, mas não teve sucesso. Várias pessoas se envolveram, entre elas Kelly Marcel, Patrick Marber e Mark Bomback. Isso fez surgir rumores de que havia preocupação inicial com o roteiro. Na verdade, a contratação de Marber, cujos trabalhos anteriores incluem *Closer — Perto demais* e *Notas sobre um escândalo* e já tinha trabalhado com Taylor-Johnson, era uma prática comum. Provavelmente os questionamentos surgiram porque a chegada dele coincidiu mais ou menos com a saída de Charlie Hunnam. Num projeto tão disputado, qualquer mudança teria uma repercussão muito mais ampla do que o normal.

As circunstâncias em torno da escalação de Jamie já tinham sido resolvidas, mas o anúncio inicial de Charlie e Dakota Johnson como protagonistas foi feito no início de setembro de 2013. Charlie foi substituído por Jamie logo depois. Enquanto isso, Dakota enfrentou uma competição difícil pelo papel. Entre as outras candidatas estavam Alicia Vikander, Imogen Poots, Elizabeth Olsen, Shailene Woodley e Felicity Jones.

O nome de Keira também foi cogitado bem no início, antes de Jamie se envolver no projeto, mas ela recusou na mesma hora. Quando perguntaram sobre Jamie ter conseguido o papel, ela riu e respondeu: "Bom, ele é um rapaz muito bonito. Tenho certeza de que as garotas vão amá-lo." Charlie também aprovou: "Eu não o conheço pessoalmente, mas sei que ele vai fazer um ótimo trabalho", disse ao *Daily Mirror*. "Não conheço o trabalho dele, mas conheço Sam, que é uma diretora incrível. E ela tem ótimo gosto, então tenho certeza de que ele vai se sair muito bem." Outra admiradora é a atriz irlandesa Aisling Franciosi, intérprete da predatória babá Katie em *The Fall*. "Em termos de aparência, eu entendo por

"O SR. GREY IRÁ RECEBÊ-LA AGORA"

que ele foi escolhido. Ele provou que sabe atuar em *The Fall*", disse ao *Daily Mirror*. "Jamie também trabalhou muito como modelo. Sei que algumas pessoas eram céticas, mas ele provou que elas estavam erradas e agora está sendo muito elogiado."

Dakota também foi uma escolha surpreendente para muitos. Nascida em 4 de outubro de 1989 e filha dos atores Don Johnson e Melanie Griffiths, estava claro que a família fazia parte de Hollywood. Seus avós eram Tippi Hedren e Peter Griffith, astro infantil que virou executivo de publicidade, uma tia é a atriz Tracy Griffith e, por muitos anos, o padrasto foi Antonio Banderas. Dakota cresceu no Colorado e em Los Angeles e estudou dança na infância. A estreia no cinema foi em 1999, quando ela e a meia-irmã Stella Banderas apareceram em *Loucos do Alabama* junto com a mãe no filme dirigido por Antonio. "Meu pai estava filmando a série *Nash Bridges* em São Francisco, então eu estava lá, tipo, todos os dias", ela contou à revista *Elle*. "Minha mãe fazia um monte de coisas, ainda trabalhando em filmes, e Antonio também fazia cinema. Acabei viajando o mundo todo. Adorava aquilo." Ela decidiu se lançar como atriz, e os trabalhos seguintes incluíram pequenos papéis em *A rede social*, *A fera*, *For Ellen* e vários outros. Em 2006, Dakota foi escolhida Miss Globo de Ouro, seguindo os passos da mãe. Com isso, foi a primeira miss de segunda geração na história dos prêmios.

Apesar disso, ela era um tanto desconhecida e nunca interpretara uma protagonista de um filme badalado. Houve surpresa e inquietação de algumas partes quanto à escolha dela, mas ninguém além dos envolvidos estava em posição de julgar se a moça era adequada ao papel ou não. De certa forma, se um nome mais famoso tivesse sido escalado, a identidade da atriz poderia ter ofuscado o papel que iria interpretar. Como Anastasia era para ser uma menina ingênua, escolher uma desconhecida significava a ausência de qualquer ideia preconcebida sobre ela. "Eu realmente entendo isso", disse Dakota ao *Daily Mirror*. "Acho que é uma história de amor incrível e por isso afetou tanta gente. Erika fez um ótimo trabalho explicando como pode acontecer isso de você sentir essa atração química por alguém. Acrescentar o sexo só deixou tudo perfeito. Às vezes, você se sente meio safada — e tudo bem."

Houve, contudo, algumas especulações maldosas sobre qual seria a reação do pai dela, que tinha fama de mulherengo no auge da carreira. "Essa é a profissão da família", disse ele ao *Good Morning Britain* no verão europeu de 2014. "É o que fazemos. Tenho certeza absoluta de que Dakota vai pegar um material e uma personagem que

"O SR. GREY IRÁ RECEBÊ-LA AGORA"

muita gente considera inadequada e transformá-la em algo espetacular. Falando como pai orgulhoso e profissional experiente, posso dizer que ela é uma atriz muito, muito talentosa e esta vai ser apenas a primeira de uma longa série de interpretações incríveis na sua carreira."

Porém, ele continuou dizendo ao *Daily Telegraph*: "Provavelmente eu não vou assistir, apenas porque não é o meu tipo de filme. Nunca vi *Vampire Diaries*, nunca vi *Crepúsculo*. Está numa categoria que não me interessa." Sábia decisão. Dakota certamente estava aliviada, destacando que, se os pais aparecessem num filme erótico, ela também não iria querer ver.

De certa forma, ambos os atores eram relativamente desconhecidos, pois Jamie não tinha estourado nos Estados Unidos — o que os produtores consideravam uma vantagem. "Não importa quem sejam os escolhidos, as pessoas vão ficar com raiva. Além disso, tivemos o caso de uma pessoa que escalamos e acabou não dando certo", ponderou Dana Brunetti. "Temos de seguir as ideias dos fãs até certo ponto e deixá-los felizes, mas você não vai conseguir isso se eles estiverem pensando em outras pessoas. Sempre achei que o melhor seria escolher desconhecidos, para que todos pudessem descobri-los ao mesmo tempo, e é isso que espero conseguir com Jamie e Dakota."

O restante do elenco foi anunciado. Victor Rasuk vai interpretar José Rodriguez Jr., Eloise Mumford será Kate Kavanagh, a cantora Rita Ora fará a irmã mais nova de Christian, Mia, e Marcia Gay Harden interpretará a mãe de Christian, Grace.

Mas é claro que o verdadeiro foco de atenção estava no casal principal. Como esses atores iriam interpretar a história e lidar com o tema do filme? Nenhum deles pareceu especialmente preocupado. "Sou um cara liberal, cresci num lugar bastante liberal", disse Jamie à *Entertainment Weekly*. "Não vou dizer que temos um quarto daqueles em casa, mas não fiquei chocado com o sexo descrito no livro. Ele é essencial para a história. Não acredito em filmes que não evocam o lado sexual, então funciona para mim." Era melhor assim. Qualquer pudor em relação ao material seria um desastre.

O livro se passa em Seattle (que, como se sabe, E.L. James nunca visitou), mas as filmagens aconteceriam em Vancouver, com a área de Gastown servindo de pano de fundo para muitas cenas importantes. A Universitty of British Columbia fazia o papel de Washingtong State University e o Fairmont Hotel Vancouver era o Heathman Hotel. Após vários adiamentos, as filmagens começaram no fim de novembro de 2013 e terminaram em fevereiro do ano seguinte. Inicialmente, havia planos de

"O SR. GREY IRÁ RECEBÊ-LA AGORA"

lançar o filme no verão norte-americano de 2014, mas a estreia foi adiada para a data mais adequada de 14 de fevereiro de 2015, dia dos namorados nos Estados Unidos. Contudo, houve um debate sobre o quanto o filme seria explícito. Os produtores não queriam a classificação indicativa para 18 anos — que limitaria significativamente a audiência —, mas também não queriam ser cautelosos demais. No fim das contas, anunciou-se que o filme teria classificação R, significando que poderia ser visto por qualquer pessoa a partir de 17 anos nos Estados Unidos.

Dana Brunetti acabou criando uma solução original: produzir duas versões do filme. "Todos poderiam apreciar a versão para maiores de 15 anos e depois, se realmente quisessem rever e assistir a algo mais ousado, haveria a versão para maiores de 18 anos", disse ele ao *Daily Mirror*. "Também seria ótimo para o estúdio, que teria o dobro de bilheteria. Estamos ouvindo dos fãs que eles preferem a versão mais quente e desejam a maior fidelidade possível ao livro. Queremos manter o nível alto e, ao mesmo tempo, agradar aos fãs." No fim das contas, todos os envolvidos conseguiram lidar com uma situação difícil: surgiram boatos de que algumas cenas teriam sido retiradas por serem excessivamente picantes, e os produtores queriam um filme de apelo mais amplo. Ao fazer as cenas de sexo, como é praxe na indústria, a diretora Sam esvaziou o set de modo a ter o mínimo de pessoas lá (que, nesse caso, eram 12).

Uma vantagem de adiar a data do lançamento era dar aos produtores muito tempo para montar a campanha publicitária, e a equipe de marketing começou a trabalhar a todo vapor. Em janeiro de 2014, mais ou menos quando acabaram as filmagens, a Universal lançou um pôster em que Jamie estava de costas, usando terno e olhando pensativo para a paisagem de Vancouver/Seattle, com a legenda "O Sr. Grey irá recebê-la agora", frase que a recepcionista diz a Ana quando ela vai entrevistá-lo pela primeira vez. Isso era algo quase inédito, visto que o lançamento do filme seria dali a mais de um ano, mas os produtores claramente pretendiam aumentar o interesse no filme provocando o público, digamos assim.

Muito se pensou sobre como retratar Christian, com Jamie e Sam Taylor-Johnson conversando bastante para acertar os detalhes. "Havia muitas informações sobre Christian, além das que abordamos: ele é um cara que se preocupa em manter a forma, gasta uma quantidade indecente de dinheiro com a aparência", disse Jamie à *Interview*. "Boa parte do trabalho foi feito na academia e com as roupas. Não falamos sobre as particularidades do jeito de ele se mexer. Mas eu fico bem estranho de

"O SR. GREY IRÁ RECEBÊ-LA AGORA"

terno, porque não tenho muitas oportunidades de usá-
-lo, e ele é um cara que vive de terno — o melhor terno.
Isso precisa ter um efeito. Mas quando você fica de terno 80% do tempo de filmagem, acaba se sentindo bem
confortável nele." Era uma abordagem interessante,
considerando que atores ficam mais preocupados em
lidar com a nudez, outro requisito para o papel. Mas
apesar de toda a angústia de Jamie em relação ao passado de modelo, ele estava bastante acostumado a mostrar o corpo.

Com o tempo, vislumbres dos atores no set causaram
uma empolgação quase febril, com direito a muitas especulações sobre a existência de química entre eles. Os
autores de manchetes fizeram a festa: "Kisstian Grey",
escreveram eles num trocadilho entre Christian e a palavra "kiss". "Dornan and Dirty" ["Dornan e a safadeza",
em tradução livre]. "Grey-t news girls" [trocadilho entre
Grey e "great", "ótima" que pode ser traduzido como
"Ótimas notícias sobre o Grey, garotas"], "Nifty Shades
of Jay" ["Tons atraentes de Jay", em tradução livre]. E
quando Dakota e Jamie foram vistos tomando chá, a
manchete inevitável foi "Fifty Shades of Earl Grey"
(Cinquenta Tons de [Chá] Earl Grey). Quando um
grande perfil de Jamie foi publicado no *Sunday Times*,
veio acompanhado da manchete "The Golden Torso

With The Whip Hand" ["O Tórax Dourado com a mão no chicote"].

Robert Johnston, diretor associado da *GQ*, foi citado no perfil como tendo dito: "Ele sabe atuar. E também tem um bom agente, é claro. Normalmente bonitões não seriam escalados para esse tipo de papel [Paul Spector] porque têm medo: 'Ah, as pessoas vão pensar que eu não presto.'" Segundo Johnston, o segredo para o sucesso de Jamie era ter personalidade forte. "Sem querer ser indelicado com os modelos, isso é um tanto incomum", continuou ele. "O motivo pelo qual a maioria dos modelos não consegue ter sucesso como atores é que não costumam ter uma personalidade marcante. Gente absurdamente bonita em geral não é muito interessante. Dornan tem algo a mais."

Tanto Jamie quanto Dakota precisariam enfrentar a imensa campanha publicitária e um nível inédito de assédio. Ambos tiveram a experiência de forma indireta (Jamie por meio de Keira, e Dakota através dos pais), mas nada poderia prepará-los para o que estava por vir, não importa o quanto tivessem sido alertados. "Não faço ideia de como vai ser", revelou Dakota à *Elle*. "Planejo enfrentar tudo com elegância, tentar viver o mais próximo possível de como vivo agora." Esta era a única forma de lidar com isso e, no caso de Dakota, ela viu

"O SR. GREY IRÁ RECEBÊ-LA AGORA"

situações particulares se transformarem em públicas, pois os problemas dos pais tinham um histórico de virar notícia. Robert Pattinson, que teve a mesma experiência quando os filmes de *Crepúsculo* foram lançados, comentou na época que a perda de liberdade foi difícil de suportar, mas ele acabou se acostumando tanto ao assédio que nem percebia mais. Esse era o caminho pelo qual Jamie e Dakota iriam passar.

Do mesmo modo que Jamie, Dakota estava tranquila quanto a isso. "Acho que as mulheres devem procurar o tipo de relacionamento que desejarem e que as façam felizes. Se envolver sadomasoquismo, tudo bem", disse a atriz à *Elle*. "Não tenho problema algum para fazer nada. O segredo é não ter vergonha." Ela ria de si mesma, mas isso não era completamente verdadeiro, considerando o fato de ter declarado mais de uma vez não desejar que os pais vissem o resultado do seu trabalho. Dakota podia ficar tranquila, pois eles também não queriam assistir ao filme.

Novamente agindo como o colega de elenco, Dakota pensou na personagem que iria interpretar. "Para mim, Ana é muito verdadeira", disse. "Não tem nada falso ou fraudulento nela, e gosto disso. Ela é pateta, inteligente e bem normal. Lendo o livro, eu me vi mais interessada em como eles se destruíam emocionalmente do que nas cenas de sexo. Acho que toda mulher quer ser responsável por destruir um homem. Não me empolguei muito no início, porque estava com um pouco de medo. O material era intenso e nunca tinha feito algo assim. Mas isso só me deu motivo para aceitar o trabalho."

Dakota estava certa ao afirmar que o grande motivo da popularidade de *Cinquenta tons de cinza* não era o sexo, mas o fato de ser uma história de amor. Christian fazia parte da tradição do herói problemático resgatado pelo amor da mocinha ingênua. Esse era o segredo do sucesso do livro, e foi provavelmente o motivo para a escolha de Sam como diretora. Os produtores não queriam só sexo, queriam uma história de amor com a dose certa de erotismo.

Jamie continuava a luta para manter os pés no chão. Teria sido fácil deixar que tudo lhe subisse à cabeça naquele momento, mas ele estava determinado a se manter calmo como sempre. "Detesto extravagâncias", disse numa entrevista à *Glamour* polonesa. "Eu não ando de jatinho. Não tenho guarda-costas e não compro coisas de marca. Tenho uma casa, dois cachorros, um relógio. Isso é o bastante. Tenho 31 anos, não 21. Não saio de boates às cinco da manhã. Quem estaria interessado num nerd como eu? Sinceramente, quando ouço que sou bonito e encantador, me sinto um buldogue francês.

"O SR. GREY IRÁ RECEBÊ-LA AGORA"

Você pode virar um babaca arrogante ou fazer algo de bom para o mundo, sendo a última opção muito mais difícil. Não tento ser bacana ou estiloso. Sou individualista. Na maior parte da vida quero ser eu mesmo." Isso não seria um problema, mas não diminuía o enorme interesse em tudo o que ele fazia. Esse esforço para não se deixar afetar por tudo era louvável, mas Jamie era uma celebridade de primeira agora, e as pessoas iriam tratá--lo como tal.

No dia 14 de fevereiro de 2014, um ano antes do lançamento do filme, apareceu uma foto de Dakota como Anastasia. Em junho surgiu uma imagem de Jamie, em homenagem ao aniversário de Christian. Depois E.L. James entrou em campo, anunciando pelo Twitter o lançamento do trailer para julho. Beyoncé, que gravou para a trilha sonora uma nova versão do seu incrivelmente bem-sucedido single de estreia *Crazy in Love*, que aparecia no trailer, colocou um teaser na sua conta do Instagram. O trailer saiu pouco tempo depois.

Jamie e Dakota apareceram juntos no *Today Show* para apresentar uma versão do trailer pesadamente editada para o público matutino (as cenas mais quentes foram lançadas mais tarde, naquele mesmo dia). O departamento de marketing estava fazendo um trabalho esplêndido e, num sinal do enorme interesse no filme, isso resultou em 36,4 milhões de visualizações na primeira semana, catapultando o trailer ao posto de vídeo mais assistido no YouTube em 2014, com mais de 100 milhões de visualizações. O Twitter fez 98 mil menções a *Cinquenta tons* por hora quando o furor estava no auge. E era só um trecho de três minutos.

Enquanto isso, o livro já tinha vendido mais de 100 milhões de cópias no mundo inteiro, foi traduzido para 51 idiomas e o interesse só aumentava agora que a adaptação estava a caminho. "Pessoal, agradeço a vocês por isso", tuitou E.L. James, como sempre fazia. "Obrigada, obrigada, obrigada." Houve um enorme aumento na venda de óleos para massagem e brinquedos adultos, tudo atribuído ao efeito *Cinquenta tons*.

Jamie e Dakota deram uma ótima impressão no *Today Show*, onde foram entrevistados por Savannah Guthrie. Ela decepcionou vários fãs ao garantir que não iria pedir a Jamie para tirar a camisa. "Eu tiraria, se você pedisse. Pelo menos, teria considerado a possibilidade", veio a resposta afável.

Dakota admitiu se sentir meio intimidada ao aceitar o projeto. "Não é uma situação romântica", explicou. "É algo mais técnico e coreografado. Parece mais uma tarefa a ser cumprida."

"Uau", respondeu Jamie, fingindo estar magoado.

"O SR. GREY IRÁ RECEBÊ-LA AGORA"

Perguntaram a ele se havia química entre os dois. "Suponho que sim, pois eles fizeram com que tivéssemos", disse. "E confiamos um no outro. Nós nos colocamos em situações que não eram muito naturais e nem fáceis, e para isso a confiança é fundamental." Obviamente a entrevista não diminuiu a especulação sobre o filme mais quente dos últimos anos.

O trailer continuava a ganhar popularidade. "O trailer de *Cinquenta tons de cinza* está atraindo uma audiência monumental", disse o CEO da RelishMix, Marc Krazen, à revista *The Escapist*. "Somando-se às versões baixadas e republicadas nos canais de fãs, é algo sem precedentes para um filme que só vai sair daqui a seis meses." Sem dúvida, os temores de fracasso eram cada vez menores: se o trailer gerou esse alvoroço todo, o que aconteceria quando a versão completa fosse lançada?

A trilogia fazia tanto sucesso que celebridades sem qualquer ligação com o livro ou o filme entravam na discussão. "Chicotes e correntes não fazem o meu estilo, mas quem não gosta de umas boas palmadinhas de vez em quando?", perguntou a atriz Helen Mirren inocentemente no *Tonight Show*.

A cantora e atriz Lucy Hale revelou ter feito teste para o papel de Anastasia e a descrição da experiência deu uma ideia do nível de lascívia presente no filme. "Aquele teste foi muito constrangedor!", disse à *Fox News*. "É exatamente o que você imagina: um grande monólogo, mas muito, muito sexual... Fiquei envergonhada de ler algumas coisas em voz alta, mas é um daqueles trabalhos em que você precisa se comprometer de corpo e alma ou vai fazer papel de boba." Caramba. O que eles pediram para ela fazer?

A empolgação continuava. Foi divulgado (e, posteriormente, negado) que o filme seria banido nas Filipinas. Não foi o caso, mas ele precisaria ser bastante editado para ficar mais brando. Os hotéis começaram a oferecer fins de semana inspirados em *Cinquenta tons*. Jamie chegou ao topo do STARmeter do IMDB, significando que ele era o astro mais procurado no site cujo número mensal de usuários é de 190 milhões. "Obviamente há uma demanda reprimida por esse filme", disse o editor-gerente do IMDB Keith Simanton, subestimando muito a situação. Surgiu também uma paródia do trailer em que cachorros faziam os papéis principais. Dakota aceitou outro papel sensual num filme chamado *A Bigger Splash*, refilmagem do francês *Swimming Pool — À beira da piscina*. Seus colegas no filme seriam Tilda Swinton e Ralph Fiennes, também conhecido por vários papéis ousados. E a lista continuava.

"O SR. GREY IRÁ RECEBÊ-LA AGORA"

As filmagens de *Cinquenta tons* terminaram. Agora só restava esperar o lançamento. Jamie e todos os envolvidos sabiam que estavam trabalhando num dos filmes mais antecipados de todos os tempos, que teria um impacto enorme em todo o mundo. Enquanto isso, tanto Jamie quanto Dakota tinham novos projetos para começar e voltariam a se reencontrar apenas quando os ensaios fotográficos promocionais fossem necessários e começasse o circuito de pré-estreias.

Jamie tinha conseguido, derrotado competidores do mundo inteiro por um dos papéis mais cobiçados do momento e chegou ao primeiro time das celebridades. Agora, era voltar à vida real e à Blighty. Havia mais trabalho a fazer.

15 UM HOMEM MUITO REQUISITADO

Bem antes de Jamie conseguir o papel de Christian Grey, já era público e notório que seu personagem estaria na segunda temporada de *The Fall* e foi exatamente o que aconteceu. No início de 2014, ele voltou à Belfast: "Estou muito feliz de voltar a gravar *The Fall*", disse ao *Daily Mirror*. "Allan Cubitt se superou, e os roteiros estão maravilhosos." Gillian acrescentou: "Estou nas nuvens por estar de volta ao que promete ser uma temporada ainda mais sombria."

Enquanto isso, *Once Upon a Time* tinha acabado de entrar no Sky On Demand. Considerando que Jamie saiu cedo da série, era irônico ver o envolvimento dele enfatizado para ajudar a vender o serviço de vídeo sob demanda.

UM HOMEM MUITO REQUISITADO

Ainda insistindo que não queria a fama pela fama, Jamie continuava agindo como um rapaz comum. O *Daily Mail* perguntou como ele estava lidando com as mudanças ocorridas ao longo do ano anterior. "Em termos de estar fazendo profissionalmente um trabalho bem recebido é ótimo, mas, fora isso, nada mudou", disse. "Eu não sou muito reconhecido, exceto quando alguém grita: 'É aquele assassino em série!' para mim, o que gera uma reação interessante. *The Fall* mudou a minha carreira, mas conheço muitos atores que não trabalham e poucos que trabalham muito. Só estou feliz por fazer um bom trabalho."

O reconhecimento profissional começava a chegar. Em abril de 2014, os prêmios da IFTA (Academia Irlandesa de Cinema e Televisão) foram distribuídos, e Jamie ganhou como Melhor Ator de TV por *The Fall* e *Rising Star*. Ele também foi indicado a um prêmio Bafta de Melhor Ator em *The Fall*, embora não tenha conseguido levar esse. Jamie continuava rindo de si mesmo: "Gostaria de fazer um trabalho em que não precise amarrar mulheres na cama", comentou. "Eu aprendi alguns nós e já os utilizei demais nos últimos tempos." Claro que isso se aplicava tanto a Paul Spector quanto a Christian Grey.

Ele adorava provocar as fãs. Jamie tinha uma conta no Instagram e a usou para publicar uma imagem de

Cinquenta tons em que aparecia usando cueca boxer e observando Dakota, que está de joelhos e vendada. "Gostaram?", ele perguntou e recebeu uma resposta tão absurdamente positiva que não restava mais dúvida sobre a ansiedade gerada pelo filme. Ele ficou em oitavo lugar na lista de Gatos Mais Quentes da revista *Heat*, sendo o único irlandês (Zac Efron foi o primeiro colocado) e continuava a encantar todos com quem falava. Ao ser cumprimentado na cerimônia dos Baftas e parabenizado pela primeira indicação, ele protestou de um jeito meio tímido, dizendo (erroneamente) que esta seria a última. Quando lhe perguntaram qual trabalho teve maior impacto em sua vida, *The Fall* ou *Cinquenta tons*, ele respondeu que não sabia, pois *Cinquenta tons* ainda não tinha sido lançado. Era difícil não notar o nervosismo por trás disso. Jamie sabia que a vida tinha mudado totalmente e outra reviravolta estava por vir. "Acho que eu posso acabar ficando maluco", disse em outra entrevista ao *Guardian*. Isso podia ser atribuído ao cansaço, e também ao que Jamie considerava uma reação insana à notícia de que interpretaria Christian Grey.

Em abril de 2014, surgiu outra pequena curiosidade envolvendo Jamie: o filme chamado *Flying Home*, feito em 2012 e lançado apenas nos cinemas da Bélgica, embora tenha encontrado um público maior quando saiu em DVD. Dirigido pelo ótimo cineasta belga Dominique Deruddere, envolvia um jovem e rico morador de Nova York chamado Colin. Ele era especialista em aquisição hostil de empresas, cuja vida girava em torno do trabalho até visitar Flandres a fim de tentar comprar um pombo campeão para um possível cliente, um sheik árabe rico, em troca da participação dele na empresa. Em Flandres, ele finge ser um professor buscando o túmulo do bisavô que morreu na Segunda Guerra, mas ao conhecer Jos, o dono do pombo, e principalmente Isabelle (Charlotte De Bruyne), neta de Jos, surgem as complicações. O filme também tinha Anthony Head como pai de Colin e chamou a atenção do crescente fã-clube de Jamie, que ficou arrasado por *Flying Home* não ter sido lançado nos cinemas do Reino Unido.

"O ator que desejávamos para o papel de Colin precisava interpretar de modo verossímil a mudança de um empresário cruel que se encontra em Flandres e questiona seu estilo de vida", contou o diretor Dominique no site do filme. "Recebi muitos currículos e vídeos enviados por jovens atores que se encaixavam no rótulo 'bonito e bem-sucedido', mas ninguém parecia ter aquela 'segunda camada' tão necessária ao protagonista. Jamie tinha algo mais do que a aparência de 'galã' revelada à primeira vista. Fiquei interessado na mesma hora, e uma cena de *The Fall*, que ainda não tinha terminado [...] foi decisiva. Este jovem modelo acabou virando um ator e tanto! Jamie conseguiu transmitir a dúvida e os conflitos cada vez maiores do protagonista com muita sutileza e talento. Ele é um ator de quem vamos ouvir falar muito no futuro, em âmbito mundial — e claro que boa parte disso virá também por causa de *Cinquenta tons de cinza*."

Jamie deu entrevista ao site Belgian Cobra, admitindo timidamente que não falava flamengo (antes de tentar dizer algumas palavras). Ele achou o filme sincero e com um toque europeu. Além disso, quando o personagem finalmente precisou escolher entre o certo e o errado, decidiu pelo certo. "Gostei do roteiro e adoro Dominic", acrescentou ele. Um sentimento que era visivelmente recíproco.

No geral, todos acharam a oferta encantadora e, por vários motivos, não poderia ter vindo em melhor hora. "Este melodrama à moda clássica merece atenção principalmente por dar ao ex-modelo da Calvin Klein e futuro astro de *Cinquenta tons de cinza*, Jamie Dornan, o primeiro protagonista romântico da sua carreira, o que deve ser o bastante para atrair o interesse de pequenos distribuidores de nicho que poderiam agendar o lançamento do filme para coincidir com a avalanche de divulgação gerada pelo envolvimento de Dornan com *Cinquenta tons*. Em sua Flandres natal, o filme faturou a quantia decente, mas não espetacular, de 500 mil dólares quando foi lançado em abril", escreveu Boyd van Hoeij no *Hollywood Reporter* antes de dar uma crítica favorável à obra. Este foi o consenso.

Enquanto isso, a tão desprezada carreira de modelo seguia em frente: em 2014, Jamie estrelou a campanha de primavera da marca de alta-costura Ermenegildo Zegna, mas houve uma diferença sutil. Antes, Jamie era um modelo que tinha decidido atuar. Agora, ele era um ator que fazia trabalhos ocasionais de modelo. A mudança de status era oficial.

Ele também começou a acumular projetos: primeiro, um filme inicialmente chamado *Chef*, mas que ainda estava sem título oficial quando este livro foi escrito. O projeto ostentava nomes famosíssimos: Bradley Cooper como o chef de cozinha em questão, Uma Thurman, Emma Thompson, Sienna Miller e Lily James, só para citar alguns. O roteiro é de Steven Knight, e a direção, de John Wells. Além disso, era uma comédia, estilo que Jamie queria experimentar há algum tempo. Ele obviamente precisava tirar uma folga dos traumas e angústias dos últimos papéis. Os detalhes da trama não foram divulgados, mas sabe-se que Bradley é um chef que abandonou a cozinha há alguns anos depois de se autodestruir em Paris e agora visitava Londres tentando conquistar a terceira estrela no Guia Michelin. Integrantes do elenco, incluindo Jamie, foram vistos no restaurante duas estrelas de Marcus Wareing em Knightsbridge. Parece ser um personagem bem diferente de tudo o que ele já fez, e a motivação para aceitá-lo pode muito bem ter sido a tentativa de não ficar marcado por um determinado papel, embora este pareça ser o projeto ideal para um jovem ator.

Depois, Jamie aceitou interpretar o protagonista de *The Siege of Jadotville*, filme de ação irlandês sobre o cerco a 150 soldados irlandeses da ONU no Congo em 1961, enfrentando 3 mil homens comandados por mercenários belgas e franceses. Os irlandeses eram liderados pelo comandante Pat Quinlan, papel de Jamie, durante os distúrbios ocorridos quando Moise Tshombe matou o líder congolês Patrice Lumumba e passou a controlar a região de Katanga. O diretor era Richie Smith e as filmagens estão previstas para começar após a estreia de *Cinquenta tons de cinza*. As gravações serão divididas entre a Irlanda e a África do Sul. "Mal posso esperar para começar *Jadotville*", disse Jamie ao *Irish Independent*. "É uma história inacreditável, e o coman-

UM HOMEM MUITO REQUISITADO

dante Pat Quinlan vai ser um personagem maravilhoso de interpretar. Sou um grande fã tanto de Richie Smyth quanto de Alan Moloney, e estou muito ansioso para trabalhar com os dois."

Como geralmente acontece quando você é muito requisitado, todos querem tirar uma casquinha. Assim, o elenco de *Once Upon a Time* parecia se arrepender por ter perdido o belo Caçador e mandava recadinhos carinhosos esperando tê-lo de volta. "Ainda somos bons amigos e, obviamente, Jamie está com a agenda lotada", disse Emma/Jennifer Morrison ao *E!*. "Mas esperamos que algum dia ele esteja disponível para fazer mais flashbacks do xerife Graham." Era pouco provável. Agora que o mundo se abriu para Jamie, por que ele voltaria a uma série que fazia parte do passado?

Jennifer tinha ótimas lembranças de gravar com Jamie. "Nós nos divertimos muito juntos", relembrou. "Uma das coisas que Adam e Eddy fizeram melhor foi escalar pessoas com química. Adorei trabalhar com ele, adorei trabalhar com Michael Raymond James, adoro trabalhar com Colin. Todos nós temos química de formas diferentes, mas bastante eficazes [...] Sabe como é, Jamie e eu nos divertimos bastante, e todos sentimos muita falta dele desde o primeiro minuto em que foi embora."

Lana Parrilla, também conhecida como Rainha Má, provavelmente estava mais perto do alvo quando disse: "Não sei, acho que ele deve ter oportunidades maiores", especulou. "Sabe como é, ele agora deve fazer algum filme de sucesso nos próximos meses. Ele é ótimo e [...] fiquei muito feliz quando soube que ele entrou nesse filme, porque Jamie merece e ele é... Quero dizer, nós amamos Graham, amamos Jamie, sentimos falta dele na série, mas sabemos que ele está feliz, indo muito bem e isso nos consola."

A variedade de papéis oferecidos provava que a popularidade dele estava nas alturas: todo mundo queria Jamie Dornan nos seus filmes. O passado de modelo raramente era mencionado (embora ele ainda pudesse ser tentado a fazer alguma campanha) e todos brigavam para assinar contrato com o astro cada vez mais popular. Nem Dakota era tão procurada: Jamie era o mais desejado e a pessoa em quem todos estavam de olho.

Não demorou muito para lançaram outro teaser, agora de *The Fall*. O vídeo mostrava Gillian deitada numa cama, com Jamie andando de modo ameaçador no fundo. Ele parecia tê-la atacado, mas alguns instantes depois, ela abre os olhos. Os fãs de Jamie precisariam esperar para vê-lo em *Cinquenta tons*, mas pelo menos outra temporada de *The Fall* chegaria em breve, prometendo

UM HOMEM MUITO REQUISITADO

toneladas de tensão sexual entre os protagonistas e muitas especulações sobre como eles vão interagir.

Enquanto isso, a vida familiar de Jamie continuava feliz. Ele estava adorando ser marido e pai, e frequentemente era visto com a família, parecendo radiante e renovado. E também aumentava seus trabalhos de caridade, fazendo cada vez mais projetos beneficentes: além da organização do pai, Tiny Life, ele apoiava a Pancreatic Cancer UK, Heartbeat NI e ajudava a levantar fundos para um jovem da Irlanda do Norte chamado Finton, que passou mal jogando rúgbi e descobriu que tinha câncer. Jamie também fez um desenho para a Neurofibromatosis Network leiloar no eBay. Essas iniciativas realmente tiveram impacto: o grande número de fãs do ator embarcou nas campanhas e ajudou muito a divulgá-las.

E como seria o futuro? Jamie claramente estava pronto para ser um dos grandes astros da sua geração, o homem mais famoso a sair da Irlanda do Norte em muito tempo. Ele mostrou ser muito mais do que um rostinho bonito: tinha conteúdo e talento, sendo capaz de interpretar papéis completamente diferentes e participar de vários projetos. Em 2014, Jamie deu uma entrevista, dizendo: "Emendei três trabalhos sem parar [*The Fall*, *New Worlds* e *Cinquenta tons*]. Vamos ver como eles

JAMIE DORNAN - TONS DE DESEJO

serão recebidos. Se eu não me interessar por algum projeto, vou jogar golfe e trocar fraldas." Claro que Jamie podia se dar a este luxo (e com os relatos de que teria negociado uma porcentagem da bilheteria de *Cinquenta tons*, havia uma grande probabilidade de ele se tornar um homem riquíssimo muito em breve), mas na verdade não existe qualquer sinal indicando a diminuição da carga de trabalho. Jamie sabe que este é o momento dele e fará de tudo para aproveitar as oportunidades que estão surgindo.

"Nunca senti que tentava provar algo para alguém além de mim mesmo", disse numa entrevista ao *Guardian*. "Mas vejo isso por um ângulo engraçado. Embora pareça que estou atuando há alguns anos, estamos falando de centenas e mais centenas de testes que não deram certo. Eu me lembro disso agora e não sei como alguém supera tanta rejeição." Ele admitiu que não teria progredido sem a carreira de modelo. "Tive sorte. Se eu não tivesse sido pago para ser modelo, definitivamente teria parado. Eu viajava, fazia um ensaio aqui e outro ali, recebia e voltava a me preparar para testes e reuniões — e a fracassar."

Foi um momento bastante difícil, mas Jamie sabia que toda essa rejeição lhe fora muito útil. Um ator pode ser o mais talentoso do mundo, mas precisa de sorte

UM HOMEM MUITO REQUISITADO

para estourar, e ele tinha consciência disso. Portanto, não deixaria que o sucesso lhe subisse à cabeça e nem ficaria convencido. Ele trabalhava muito, aproveitando ao máximo as oportunidades que agora surgiam. Foi assim que este garoto de Belfast superou tragédias na adolescência, além de rejeição e várias derrotas, mas deu a volta por cima e atropelou os maiores nomes da sua geração para conquistar o papel cobiçado por todos. Ele tinha estourado de vez.

Quando foi anunciado que interpretaria Christian, Jamie deixou bem clara a sua atitude em relação ao papel. "Muitas pessoas gostam deste livro e não tenho a menor ilusão de que seria diferente", declarou à *Entertainment Weekly*. "Só posso dizer que vou fazer tudo para interpretar Christian Grey do modo mais verdadeiro possível. Não posso garantir que vou agradar a todos. O próprio fato de eu estar no papel já não agradou a todo mundo, mas aconteceu, e vou dar tudo de mim."

Essa foi a atitude de Jamie em relação a tudo o que conquistou até agora. Ele foi longe. E está pronto para progredir ainda mais.

Crédito de fotos

1: © WENN Ltd/Alamy
2: Photograph Sipa Press/Jamie Dornan, Eva Mendes, Kerry Washington, Rose Byrne, Thandie Newton, Carine Roitfeld & Alexandra Shulman/Rex Features
3: Jamie Dornan e Eva Mendes, campanha da Calvin Klein Jeans/ Charles Guerin/ARACA/PA Images
4: Jamie Dornan e Mischa Barton/Rex Features
5: Fotografia por Richard Young/Jamie Dornan e Sienna Miller/ Rex Features
6: Jamie Dornan & Keira Knightley/Getty Images
7: Jamie Dornan & Keira Knightley/© Jean/EMPICS Entertainment/PA Images
8: © AF archive/Alamy
9: Fotografia por Boothnation/Jamie Dornan & Amelia Warner/ Rex Features
10: Jamie Dornan & Kirsten Dunst em *Maria Antonieta* (2006)/ Capital Pictures

CRÉDITO DE FOTOS

11: Jamie Dornan na *première* de *Maria Antonieta*/Getty Images

12: Fotografia por Ophelia Wynne/Camera Press London

13: Jamie Dornan & Jennifer Morrison em *Once Upon a Time*/ Capital Pictures

14: Jamie Dornan em *Once Upon a Time*/Capital Pictures

15: Jamie Dornan em *The Fall* (BBC), 2003/Allstar Picture Library

16: Jamie Dornan no Irish Film and Television Awards/Getty Images

17: Jamie Dornan no GQ Awards/PA Images

18: Jamie Dornan em *Cinquenta tons de cinza*/Capital Pictures

19: Jamie Dornan & Dakota Johnson em *Cinquenta tons de cinza*/ Capital Pictures

20: Jamie Dornan & Dakota Johnson no set/AKM-GSI

21: Jamie Dornan & Freya Mavor em *New Worlds* (2014)

22: Jamie Dornan em *The Graham Norton Show* (2014)/Topfoto

23: © Pictorial Press Ltd/Alamy

24: Fotografia por Chris O'Donovan

25: Fotografia por Ophelia Wynne/Camera Press London

26: Jamie Dornan & Dakota Johnson em *Cinquenta tons de cinza*/ Capital Pictures

Este livro foi composto na tipologia Minion Pro,
em corpo 13,5/18,5, impresso em papel off-set
$90g/m^2$ no Sistema Cameron da Divisão Gráfica
da Distribuidora Record.